Selected Poems of
TUDOR ARGHEZI

Selected Poems of
TUDOR ARGHEZI

Translated by
MICHAEL IMPEY *and* BRIAN SWANN

The Lockert Library of Poetry in Translation
Advisory Editor: John Frederick Nims

PRINCETON UNIVERSITY PRESS

PRINCETON, NEW JERSEY

Copyright © 1976 by Princeton University Press
Published by Princeton University Press, Princeton, New Jersey
In the United Kingdom: Princeton University Press, Guildford, Surrey
All Rights Reserved

Library of Congress Cataloging in Publication Data will be found on the last printed page of this book

The Lockert Library of Poetry in Translation is supported by a bequest from Charles Lacy Lockert (1888-1974), scholar and translator of Corneille, Racine, and Dante
For a listing of other volumes in the series see page 225.

This book has been composed in Linotype Granjon

Printed in the United States of America by Princeton University Press, Princeton, New Jersey

Contents

Translators' Introduction	ix
Acknowledgments	xi
Preface	xiii
Pronunciation Guide	xxv

I. FITTING WORDS

Mount of Olives	5
Autumn Breeze	7
The Sick Angel	9
The Sea-Beast	11
Perhaps It's Time	13
Irresolution	15
Archeology	19
Engraving	21
Inscription on a Glass	23
Morgenstimmung	25
Song	27
Affront	29
Curses	31
Annunciation	37
Typhoid	41
Between Two Nights	45
Psalm 1	47
Psalm 2	49
Psalm 3	53
Psalm 8	55
Restorations	57
At Prayer	59

The Mystic Chalice	61
The Magician	63
Verses	67
Testament	71

II. FLOWERS OF MILDEW

Flowers of Mildew	77
Morning	79
Supper	81
John John	83
Gadfly	85
Rada	89
Tinca	93
Lache	95
The Saint	97
Candor	99
Serenade	101
Mute Song	103
Generations	107
Gypsy Camp	109
Work	111
Skittles	115
Spawn of Kites	119
The Dead	125
The Last Hour	127

III. EVENING VERSES

I Gaze	131
Rain	133
The Moon's	135
Grace	137
Ladybug	139
The Princess	141
Song on a Flute	143
Come on	145
Betrothal	147

The Bridegroom	149
My Grief	151
More Earth	153
Only a Mantle	155
Alone They Come	157
Are You Sleeping?	159
Spoilt Words	161
Mother Scintila	163
Sick Song	165

IV. ONE HUNDRED AND ONE POEMS

Ash Day	171
Village	173
Forsaken Field	175
Whitewashed Walls	177
Hot Ashes	179
Buffalo of Embers	181
A Wild Beast Lay on Me	183
Little Girl	185
Testimony on Fiddle and Bow	187
You Believe the Tale	189
Blacksmith's Song	193
Look, Bulibaşa's Coming	197
I Didn't Understand	201
In a Northern District	205
In Villages and Valleys	207
The Road's Long	209
Yes, It's Long	211

EPILOGUE

Iron Birds	215
A Lazaret	217
There Were Three of Them	219
A Scraping	221
The Shadow	223

Translators' Introduction

JOSEPH BRODSKY, in a *New York Review of Books* essay, remarked that Mandelstam was "a formal poet in the highest sense of the word," and that a translator should begin his work with a search for at least "a metrical equivalent to the original form." The present translators have not attempted to apply this method to the work of Tudor Arghezi. Arghezi is not a formal poet in the same way as Mandelstam, who succeeded in exploiting and working the various architectonic possibilities of poetry. Arghezi's formality is the formality of the *sound*—the heavily accented rhymes, internal rhymes, assonances. Therefore we have not tried to bring over meter and form, or even to create "a metrical equivalent"; we have tried to find an equivalent, however inadequate, to the sound. And perhaps the question of metrical form is at bottom a question of music. As Brodsky complained in his review-essay: "The problem lies in the absence of sound," in the Mandelstam translations. Throughout, we have done our best to be guided by one of Arghezi's supreme aims: to work with and not against the grain of the medium.

In this book, we have also attempted to learn from Arghezi the translator, and avoid *traducere* (the "literal," "correct" approach), and to aim at *tîlmăcire* (an attempt, in the poet's own words, "to enter into the spirit of the original"). Arghezi regarded the translations of his work done into Italian by Quasimodo as unsuccessful because the Nobel Prize-winning poet failed to respect "the secret part." If the present translators have failed, it is not for want of trying to plumb that "secret which cannot be divulged," even though the secret is "contained in the spirit of the language in which it was written."

How is it that Arghezi has been translated into so many languages but not English? One reason may be that at times he seems rather remote in our language. With a number of exceptions (particularly the poems in *Flowers of Mildew*), his poems are not easy to *hear* in English: the situations seem not specific, not accessible to the image. He is too close for us not to feel a little polemical about his symbolist poetics, and not far enough away for us to grant him poetic autonomy. The prevalent mood of contemporary American poetry, in its late surrealist phase, makes it hard for us to assimilate Arghezi into our idiom. Then there is simply the impossibility of translating poetry anyway—but perhaps one should not worry *too* much about not bringing over the exact feel and nature of a foreign poet. An anecdote recounted by George Seferis is *à propos* here. He was up late one night translating Yeats, till, exhausted and discouraged at a particularly knotty part, he went to bed. He dreamed, and in the dream he was told not to worry because he couldn't find the Greek to express the exact shades of the English. If he could, it would no longer be Greek but English.

Finally, so far as the selection of poems from the *corpus* is concerned, we have selected those we think will best stand the test of time. Excluded are the anecdotal (at least from the *Fitting Words* series), the lightweight, and the opposite, poems of religious import which rely heavily on an arcane involuted approach and seem somewhat portentous. We have included only a few poems from Arghezi's latest work, since his last two cycles of major dimensions, *1907—Landscapes* and *Hymn to Man*, are unitary compositions, and it is difficult to detach individual poems from their context.

The Romanian originals of the poems we have translated were published in *Scrieri*, I-IV (Bucharest: Editura pentru literatură, 1962-63). We have, however, respected the more traditional order of the poems, and have included them in the cycles in which they first appeared.

Acknowledgments

WE WISH to thank the poet's heirs, Mitzura Arghezi and Baruţu Arghezi, and The Romanian Writers Union in Bucharest for permission to translate the poems in this selection and to include *en face* the Romanian originals of the same poems.

We owe a special thanks to Mitzura Arghezi, who showed us great courtesy in answering our many questions and was unstinting in her efforts to locate out-of-print editions.

The illustrations by Ligia Macovei have been taken from *Tudor Arghezi: Poezii* (Bucharest: Editura Minerva, 1970) and are reproduced here by permission of the artist and the Editor of Editura Minerva.

Some poems in this book have appeared in the following journals: *The American Poetry Review*, *The Bitter Oleander*, *Chelsea*, *Contemporary Literature in Translation*, *Granite*, *Michigan Quarterly Review*, *The Nation*, *Pembroke Magazine*, *Texas Quarterly*, and *Translation*. "Gadfly," "Tinca," "John John," and "Annunciation" appeared in *Antaeus*.

Preface

THE ONLY Romanian writers known today in the United States are those who settled permanently in the West. Even these writers are acclaimed for their contributions to French literature or for their activities in other domains, and scant attention is paid to their Romanian work. Only recently, for instance, have Western critics acknowledged the importance of Tristan Tzara's Romanian verse in his evolution as a Dadaist and surrealist poet. Similarly, much of the criticism devoted to Eugène Ionesco's theater utterly disregards the first draft of *The Bald Soprano*, which we now know was written in Romania in the thirties. A fellow expatriate, Mircea Eliade, is renowned as a historian of religions, but his Romanian novels and short stories are usually ignored, even though they contain the seeds from which his mature achievements sprang. If it is difficult to persuade an English-speaking audience that the Romanian writings of cultural giants such as these are of any significance, it is surely well-nigh impossible to present a poet whose career followed a reverse course. Can a poet who turned a deaf ear to contemporary European trends and sought to integrate the experience of symbolism with a vibrant folk heritage retain our interest today? Must we always judge others in terms of our own accomplishments? And if indeed we must, how do we avoid falling into the trap of cultural imperialism?

Tudor Arghezi has long been established as the leading Romanian poet of this century. He is also much appreciated in Europe and Latin America; his poetry has been translated into more than fifteen languages, including versions by Neruda, Rafael Alberti, and Quasimodo. Many of those who belittled his poetry in Romania before the Second World War now accept his greatness, but almost of one accord they point to Arghezi the man and exclaim: "Ah, but that's different!" What sort of man, then, was this inconoclast who became the poet laureate of socialist Romania? One thing is certain: his life spanned the whole evolution of modern poetry, from 1880, the year of his birth in Bucharest, to 1967. He earned the reputation (not always deservedly) of a difficult, withdrawn, enigmatic man; an opportunist in politics, grasping and punctilious in financial matters. The only Romanian writer until very recently to earn a living solely by what he published, Arghezi took immense pains to shield his private life from prying eyes, insisting again and again that a writer should be judged by his works and not by moral scruples or public posturing. What little is known of his early life only serves to underline this enigmatic quality. We know, for example, that following a bitter quarrel with his father he ran away from home at the age of eleven and thereafter saw to his own schooling. A lifelong friend, Gala Galaction, has attested to the warmth and sincerity of his personality at this time. When questioned about his family relations, Arghezi himself usually declined comment.

He was a man of endless surprises. Quite suddenly, in 1899, as though to satisfy some mystical urge, he broke with Alexandru Macedonski's cénacle of symbolists and became a monk. He continued to write, even as a novice, and contributed a number of mawkish, overblown poems to the little-known review *Linia dreaptă* and published an *ars poetica* ("Vers și poezie") that anticipated by some twenty years the Abbé Bremond's theories on pure poetry. Alarmed by his late-night reading of subversive literature (his desk at this time was piled with the works of leading French poets), his fellow monks frequently complained to the Metropolitan that he was consorting with the devil. A showdown with his ecclesiastical authorities probably precipitated Arghezi's departure in 1905 for Switzerland, where he intended to pursue theological studies at a Cordelier monastery near Fribourg. At this monastery, however, he became disgusted at repeated attempts to convert him to Catholicism, and he left to settle in Geneva. Enrolling as an apprentice at a trade school, he learned to fashion watch cases, rings, and all manner of gold ornaments. Also at this time, Arghezi made occasional trips by motorcycle to Paris, where he supported himself in true proletarian fashion by humping meat in Les Halles and selling newspapers at street-corners in Montmartre.

Arghezi remained in Switzerland until 1910. He claims to have returned to Romania to clarify his military status, but more probably his return was occasioned by the painful ending of a love affair. His years in Western Europe were by no means wasted; he had read widely from the French classics (particularly Montaigne and Pascal) and deepened immeasurably his understanding of the poetry of Baudelaire, Rimbaud, and Mallarmé. On the other hand, he seems to have made little or no contact with contemporary French or German poets, presumably because he was not a gregarious man by temperament and because he disliked any form of artistic affectation. What the future might have held for him had he been introduced to Apollinaire and his circle of friends can only be surmised, but Arghezi did have the talent and linguistic resources to establish himself as a major European poet—writing of course in the French language. He also had a keen appreciation for the technical problems faced by artists working in different media. He was an accomplished miniaturist and illustrator. In his youth he had worked as a stonemason, and in the thirties his zeal for the printed word had led him to take the necessary exams to become a master printer. One of the key words he uses to suggest the final stages of literary creation translates as "patterns," or "typeface." A recurrent theme in his poetry is the mysterious principle of fecundity that seizes the artist at unexpected moments. Sometimes, this creative disposition takes the form of a beguiling female companion (as in "Stihuri" [Verses], where his evocation of the Muse surpasses even that of Claudel in many details); on other occasions, he attempts to suggest the multifarious nature of the creative act through analogies with painting, sculpture, weaving, and the folk arts. In this way, his concern for the tactile impact of the word closely parallels the interest that Mallarmé, Rilke, Apollinaire, and other writers showed in the mutual illumination of the arts at the beginning of the twentieth century.

Once back in Romania, Arghezi worked mainly as a journalist, although he had a few poems accepted by the prestigious journal *Viața românească*. He achieved considerable notoriety for his opposition to Romania's participation in the First World War on the side of the Allies. Unlike Tzara, who chose to sit out the war years in Zurich, Arghezi loudly proclaimed his pacifist views. When the German troops occupied Bucharest in 1917, he foolishly collaborated on an occupation newspaper. For this and other so-called treasonable activities he was convicted by a military court after the cessation of hostilities and imprisoned for more than two years (1918–20) at Văcărești, a former monastery on the outskirts of Bucharest.

Released through the good offices of Nicolae Iorga—later to prove one of his most uncompromising critics—Arghezi continued his dual career of journalist and poet. His polemics gradually gave way to a more intensive poetic output, and it was in the mid-twenties that many of his finest poems were first published. Frequently hailed by avant-garde writers (Benjamin Fondane and Ilarie Voronca among them) as a kindred spirit, Arghezi soon became a real force in Romanian poetry. In 1927, when he was already forty-seven years old, he finally published his first collection of poems *Cuvinte potrivite* (Fitting Words). The volume was generally well received, although a number of "established" critics poured scorn on the obscurity and occasional crudeness of poems such as "Blesteme" (Curses), ignoring the rugged tradition of satire in Romanian folklore and biblical literature. Arghezi's arch rival, Ion Barbu, suggested that were the reader to uncover the printed letter of such verses as "Între două nopți" (Between Two Nights) "with their venerable content of ecclesiastical origin," he would find "sketched out in dregs a dully machined idea, grotesque and banal as a bicycle" (*Ideea europeană*, November 1, 1927). Barbu may have had a point, but his lofty intellect could only view as an impropriety the blending of extreme verbal condensation with shanty-town language in a poetry that reflects a strong sense of ancestral continuity, a search for absolutes, and visions of a putrescent world.

The general direction of Tudor Arghezi's poetry at the time he published *Cuvinte potrivite* is obscured by many conflicting tendencies. He had originally intended this volume to be his first and last, but for a definitive poetic statement it is too loose and uneven a compilation. Its most unitary aspect is the program of artistic reform set forth in "Testament," the prefatory poem to the collection. Most postwar critics of Arghezi's verse have assumed "Testament" to be a kind of revolutionary manifesto, and have stressed its links to the writer's anarchist and socialist past. Rather it would be more apt to describe the poem as a moment of self-definition, a moment when the mature poet contemplates and evaluates the extraordinary powers he has acquired as the voice of his people. Demostene Botez noted in a review of *Cuvinte potrivite* that Arghezi presents himself as "one of the chosen, an instrument through which perhaps speak—contrary to his wishes and without his knowledge—those elements of life which as yet we do not know, about which we can scarcely guess" (*Adevărul literar și artistic*, 370, 1928, 1–2). Much the same might be said of other poets of this century, but by alluding to the strange power of the human unconscious to influence the creative process Botez indirectly drew his readers' attention to that sense of ancestral continuity which seemingly transcends the individual experience. The poet's role in "Testament" is apparently limited to transforming the consciousness of his forefathers into words. He is the master craftsman who from the primitive speech-patterns of herdsmen fashions *cuvinte potrivite*, words that not only dovetail into a given design but also are proper and fitting in a particular situation. Just as Alfred de Vigny was the interpreter in "L'Esprit pur" of the noble spirit of the knights-errant who fought in the name of France, so here Arghezi is an intermediary for the suffering of the Romanian peasantry. Curiously, the linguistic reforms he details seem to reverse the normal chronology of the creative act. Something more is being hinted at, far surpassing the conventional exertions of the *homo faber*, plying chisel and file to the raw materials of consciousness.

It would appear that this linguistic activity occurs in the meeting, at a pre-conceptual level, of the slow-burning wrath of ancestral consciousness with the spirit of individual creativity. Cesare Pavese—whose poetry exhibits a similar concern for man's communal experience—seemed to be referring to precisely this level of subconscious activity when he wrote that "the fundamental basis of poetry may be a subconscious awareness of the importance of those bonds of sympathy, those biological vagaries, that are already alive in embryonic form, in the poet's imagination, before he begins work on the poem" (*The Burning Brand*, a translation of *Il mestiere di vivere* by A. E. Murch, New York, 1972, p. 27). Arghezi is concerned with poetry as the transformation of mythic experience—the psychic patrimony of an entire community—into the individual and creative experience of dream. The medium whereby this transformation is effected is of course language. But language is an imperfect instrument, and "Testament" ends on an ambiguous note. With fine irony, the role of the poet as the interpreter of his people's suffering is underlined at the very moment of the reader's passive and incomplete incomprehension. Quite properly, in Arghezi's view, the limitations of art are those of its own making. The poetry of *Cuvinte potrivite* is full of hesitations and ambiguities; Arghezi's favorite technique is to lead the reader through a maze of convoluted ideas and then stand him on his head, in short, the technique of the volte-face. But this first volume is also awash in those "bonds of sympathy" and "biological vagaries" Pavese spoke of. Nowhere is this more true than in a number of poems dealing with sickness, birth, and death ("Lingoare" [Typhoid], and "Buna Vestire" [Annunciation], for example), where facts of everyday existence are implicitly dehumanized and acquire mythic proportions as mysteries unfathomable by the rational mind.

In 1930 Arghezi published the novels *Icoane de lemn* (Wood Ikons) and *Poarta neagră* (The Black Gate), based respectively on reminiscences of his monastic and prison experiences. The volume of poems *Flori de mucigai* (Flowers of Mildew), published in 1931, was also the product of his imprisonment. In this work he broke entirely fresh ground in Romanian literature, depicting with rare sympathy the depraved elements of the prison underworld. This lyrical approach to the seamier side of life brought grave charges of obscenity, but the work was written in the purgative spirit of Villon, and the Rabelaisian coarseness is there precisely to deepen our understanding of the tormented and underprivileged. It is perhaps the most daring and successful cycle of poems ever written by a Romanian. The critic George Călinescu compared it to similar currents in the work of Salvatore di Giacomo and García Lorca, but it may be possible to go further than this and agree with Arne Häggqvist, Arghezi's translator into Swedish, that "in the well-known poems 'Tinca' and 'Rada,' for instance, there are metaphorical outbursts of such brilliance that we can hardly find their equivalent in European literature" (*Romanian Review*, XXII, 3, 1968, 72-73). Contemporary Romanian critics, as might be expected, speak of the volume's stark realism and its indictment of bourgeois society. In doing so, they give the poems a historical function Arghezi never intended. Certainly, he is motivated by a deep sense of injustice; but he is careful to distinguish between those inmates who are quite properly serving sentences for crimes against humanity and those who are there merely through an accident of birth or circumstance. With the exception of the frame poem, Arghezi never speaks directly in his own voice. He employs a narrative device similar to Giovanni Verga's *chorality of voices*: each protagonist is presented from within the prison walls, from the point of view of those who share the same mindless routine or endure similar afflictions. The technique of the volte-face is again prevalent; more than once we are lulled into sympathizing with a prisoner, only for the record to be set straight at the end of the poem in the most matter of fact way, as though it were the collective wisdom of the prison infrastructure that decided where the blame lay and why. At times, the narrative voice adds such refined commentaries that it would be a mistake to ascribe them directly to an inarticulate plowman or gypsy. The voice here is Arghezi's, but the voice of Arghezi the prisoner, interpreting the experience of suffering for his illiterate companions. There is no other way; each man's suffering is both personal and universal. Christ's anguish is the archetypal structure in Western literature. As Simone Weil puts it in her essay on "Human Personality": "Every time that there arises from the depths of a human heart the childish cry which Christ himself could not restrain, Why am I being hurt? then there is certainly injustice." Some critics have praised the use of a prison dialect, an underworld argot, but there are no such limitations. The colloquialisms Arghezi adopts could be heard even today on street-corners in certain sections of Bucharest. His great achievement in this cycle is that he extends the horizons of Romanian poetry far beyond anything previously envisaged. Poetry is not a watertight tradition; it is always in the making, and, sometimes, elegant silks must be steeped in murky waters.

The thirties were Arghezi's most productive years. A satirical novel of Swiftian dimensions, *Tablete din Țara de Kuty* (Tablets from Kuty Land), was followed by other novels rich in lexicological innovation: *Ochii Maicii Domnului* (The Blessed Virgin's Eyes, 1934), *Cimitirul Buna-Vestire* (The Annunciation Cemetery, 1936), and *Lina* (1942), as well as by further collections of poetry: *Cărticica de seară* (Evening Verses, 1935) and *Hore* (Horas, 1939). Arghezi reveals in these collections yet another direction to his poetry by affirming the values of family life and reflecting the vision of a pantheist in his childlike obsession with the wonders of creation. It is a microscopic world, where his touch is that of a miniaturist.

In 1938–39, a serious illness confined Arghezi to bed for almost a year. His experiences in the hospital were traumatic and disturbed his interior, private world; he was forced, as when he was imprisoned, to look outward, and he produced a number of excellent poems. The pessimistic attitude of these verses is also reflected in a remarkable series of poems that treat—sometimes in the flat, unemotional manner of Ungaretti, other times on a note of barely restrained hysteria—the horrors of war, of a war that was steadily encroaching on Romanian territory in 1943 and 1944. Arghezi continued to publish in the war period, mainly poetry and *tablete,* but in April 1943 he began to write articles of a more openly political nature, including the lampoon "Baron!" which, openly aimed at Baron von Killinger, the Nazi ambassador to Bucharest, earned the writer several months detention in a concentration camp at Tîrgu-Jiu, the capital of the Gorj district, ironically his ancestral homeland.

Immediately after the war, Arghezi brought out the volume *Manual de morală practică* (1946), a collection of *tablete* dealing with human relationships in a manner reminiscent of Bertrand Russell's popular treatises. In 1946, he won the National Poetry Prize for the first time, and in the following year he brought out the volume *Una sută una poeme* (One Hundred and One Poems), which included practically all the poems he had written since 1939. A period of silence (1947-54) bears witness to his uncertainty and misgivings during the Stalinist period in Romania; the poet restricted himself mainly to translations from the Russian and French. In 1955 he published *1907—Peizaje* (1907—Landscapes), a satirical exposé of the conditions that led up to the peasant rising of the same year. This was followed in 1956 by another major poetic cycle *Cîntare omului* (Song to Man), a lyrical evocation of the sociogonic theme. In neither of these cycles is Arghezi at his best. The phrasing and rhyme-endings of this occasional verse remain meticulous, but the subordination of mood and image to a dominant theme is lacklustre and ineffective.

Three major patterns may be discerned in the fabric of Arghezi's poetry: a search for a supreme being, an exploration of the creative act, and a return *in illo tempore,* a re-experiencing of mythic time. In practice, however, the individual threads that make up these patterns are themselves so interwoven that ultimately one final, metaphysical pattern stands out: man's search for the Self. Throughout seventy years of relentless poetic activity, this search takes many forms; the poet is in turn moral theologian, visionary, reformer, sinner, and ardent lover. In a recent monograph, Alexandru George defines Arghezi's world as a kind of somber, sinful, conscious-stricken Middle Ages "that begins with Abelard and ends with François Villon" (*Marele Alpha*, Bucharest, 1970, p. 82). No poet of the modern world, not even Baudelaire or Claudel, has treated the motif of *pribegie* (spiritual exile) with such pathos, or grappled so unavailingly with the problem of human imperfection. George is right to claim that "whoever searches through the fine print of Arghezi's spiritual biography will soon recognize that in one form or another the essential details were written in the novice's cell at Cernica" (op. cit., p. 86). But, as we have already seen, even this private, inner world is not entirely immune to incursions from the outside. There are indeed times when the writer is forced by the sheer enormity of historical events to pause in his introspective deliberations and face the horror and degradation around him. By a strange paradox, *actual* confinement—as a prisoner at Văcărești, hospital patient, and political detainee—reduces Arghezi's metaphysical suffering and increases his awareness of the plight of others. To this extent, the prison cell is no longer a means of escaping from life, but a vantage-point, a window onto the world at large.

This claustral reversion is also reflected in the poet's style. As the "lonely psalmist" in *Cuvinte potrivite*, Arghezi is forever juggling the analogical possibilities of words rather than allowing his mind to expand visually. Through a process of distillation he finally arrives at the natural image, which is the "objective correlative" of his interior vision. But as the interpreter and transmitter of collective suffering in *Flori de mucigai*, he discards ambiguity and starts with the concrete image, only to open up amazing perspectives and invite secret new intuitions in the mind of his reader. Few though these moments of commitment and unqualified candor may be in Arghezi's work, they are important for correcting two equally misleading impressions: that the poet is an advocate of solipsism and that he is a purveyor of social panaceas. His commitment is to life, to its infinite variety, to the endless confusion that drives men first one way and then another. There are no solutions, there is no escape from the ontological labyrinth in which we are all hopelessly lost. Poetry offers some form of release, through expression of man's deepest aspirations, but even it turns out finally to be an illusion. Arghezi is a poet of every day and age because he stubbornly persists in searching for something he knows he will not find. But he is supremely a poet of the twentieth century, for the techniques of self-effacement and multiple personality he introduces to lyric poetry, for his sudden changes in pace, for his frank sexual imagery, and above all for the fluid movements of Rada's dance.

MICHAEL IMPEY

Pronunciation Guide

ROMANIAN is a Romance language that has preserved certain features from Latin not found in its Western counterparts. Of these, the remnants of a case-system undoubtedly are the biggest stumbling-block to the unwary. Further peculiarities include an agglutinated article (e.g.: "scaun," chair; "scaun*ul*," the chair), which is also found in Albanian and Bulgarian, and the use of subjunctive clauses where verb plus infinitive would usually be the rule in the other Romance languages ("vreau să vorbesc cu tine," I want to speak to you). As far as its vocabulary is concerned, Romanian is a hybrid language: words of Slavic and Greek origin compete with French and Italian borrowings. Nonetheless, readers familiar with Italian, and to a lesser extent with Spanish, Portuguese, or French, should be able to achieve a reasonable approximation of the sound-system with the aid of this Guide.

Romanian Letter	Phonetic Script	Approximate English Equivalent	Romanian Example
a	[a]	always sounded like a in f*a*ther	"f*a*ta" (the girl)
ă	[ə]	around	"m*ă*r"
c (+ a,ă,î,o,u)	[k]	*c*up	"*c*ap"
c (+ e,i)	[c]	*ch*est	"*c*er"
che	} [k]	*K*ent	"*che*m"
chi		*k*ey	"*chi*p"
e	[e]	s*e*t	"s*e*te," "*e*pocă"
e	[i̯e]	*y*es	"*e*ste"
g (+ a,ă,î,o,u)	[g]	*g*un	"*g*ură"
g (+ e,i)	[ǧ]	*g*ender	"*g*em"

xxv

ghe	} [ǵ]	Alle*ghe*ny	"*ghe*m"
ghi		*gee*se	"*ghi*d"
h	[h]	*h*ole	"*h*oră"
i	[i]	k*ee*p, *ea*t	"*i*deal," "m*i*ne," "cit*i*"
i (final short)	[-ⁱ, (e.g.: fratsⁱ)]	Those brat*s*! (said quickly)	"pom*i*," "surz*i*"
î	[ɨ]	similar to Russian Ы	"g*î*t," "cuv*î*nt"
j	[ʒ]	mea*s*ure	"vra*j*ă," "*j*ar"
o	[ɔ]	c*o*rk	"c*o*rp"
r	[r]	lightly trilled r, as in Italian "riso," but pronounced in all positions	"*r*îs"
ş	[ʃ]	*sh*e	"*ş*ir," "du*ş*"
ţ	[ts]	sui*ts*	"*ţ*ară," "vi*ţ*ă"
u	[u]	r*oo*m	"*u*mbră"

The following consonants do not present striking differences: b, d, f, l, k, m, n, p, s, t, v, x, z.

Semi-Vowels (occurring in diphthongs)

e	ḙ	close to *y*ellow	"b*e*a," "m*e*argă"
i	ḭ	close to *y*eah!	"*i*ată"
o	o̯	like *o*ne or "b*w*ana"	"şc*o*ală"
u	ṷ	lo*w*	"do*u*ă"

Stress is comparatively free in Romanian. It can fall on any syllable, although there is a tendency to stress the penultimate. Thus: "a cit*ì*" (to read); "par*à*da" (parade); "c*à*mera" (room); "f*ù*lgerele" (the lightning-flashes).

Selected Poems of
TUDOR ARGHEZI

I

From FITTING WORDS
(CUVINTE POTRIVITE)

MUNTELE MĂSLINILOR

Munte-ndreptat cu piscul în Tărie
Și neclintit în visul de azur,
Bătut de-a mării veche dușmănie
Cu bici de lanțuri împrejur,
Pîndit să crească peste tine
Șesul turtit, flămînd de înălțime,
Și să te-ajungă praful care vine
Stîrnit de turme și desime;
Munte, cădelniți de izvoare,
Altar de șoimi, sălaș de sori,
Care nu suferi floarea trecătoare
Să te îmbete cu miros de flori—
Tu, în hotarul marilor mistere,
Ești ca un semn de-a pururea putere,
Al vieții noastre cea fără de leac,
Împresuratule de astre!
Sufletul nostru, șubred și sărac,
Nu știe de izvor și roadă.
Nădejdea-ne pribeagă între noi
Își lasă urmă slabă, ca o roată
Cu spițele de aur, în noroi.

MOUNT OF OLIVES

Mount with heaven-pointed peak,
Steady in blue dream.
Beaten by ancient hate
With chain whips
The flattened plain, hungry for height,
Watches its chance to rise above you,
Bring you the dust
Roused by flocks and clumps of men.
Mount, censers of springs,
Altar of hawks, house of suns,
Denying the brief flower
Drunk with its fragrance—
You at the margin of great mysteries
Are a sign of lasting power,
Irremedial life,
Most hemmed-in of stars!
Our soul, flimsy and poor,
Knows nothing of springs and harvests.
Our hope wanders among us,
Leaves its faint track in the mud,
A wheel with gold spokes.

VÎNT DE TOAMNĂ

E pardosită lumea cu lumină,
Ca o biserică de fum și de rășină,
Și oamenii, de ceruri beți,
Se leagănă-n stihare de profeți.
Rece, fragilă, nouă, virginală,
Lumina duce omenirea-n poală,
Și pipăitu-i neted, de atlaz,
Pune găteli la suflet și grumaz.
Pietrișul roșu, boabe, al grădinii,
Îi sînt, bătuți, și risipiți, ciorchinii.
Plocate grele se urzesc treptat
În care frunzele s-au îngropat.
Din învierea sufletului, de izvor,
Beau caprele-amintirilor,
Și-n fluierul de sticlă al cintezii
Se joacă mîțele cu iezii.
Deosibești chemarea pruncului în vînt
Cîntată de o voce din pămînt.
Născut în mine, pruncul, rămîne-n mine prunc
Și sorcova luminii în brațe i-o arunc.

AUTUMN BREEZE

The world is paved with light,
Like a church with smoke and resin.
Men drunk with the skies
Stagger in prophets' vestments.
Cold, new, fragile, virginal,
Light leads mankind in her skirts
And her smooth silk touch
Invests neck and soul with ornaments.
Grape-clusters, trod and scattered,
Are red shingle, garden berries
To the light.
Heavy horse-blankets in which
Leaves lie buried
Are slowly woven.
From the soul's resurrection,
From the spring,
She-goats of memories drink;
Cats romp with kids
To the glassy whistling of finches.
In the wind you pick out a babe's cry
Sung by a voice from the earth.
Born in me, the babe remains in me,
And I throw the *sorcovă** of light
Into its arms.

---

* A garlanded New Year's stick, symbolic of rejuvenation

HERUVIM BOLNAV

Îngerul meu își mai aduce-aminte
Din fericirile-i de mai nainte.
Cerul la gust i-ajunge ca un blid
Cu laptele amar și agurid,
Stelele lui nu și le mai trimite
Ca niște steaguri sfinte zugrăvite,
Și vîntul serii nu-i mai dă îndemn
Cu-aromele-i de vin și undelemn.
Livada, cîmpul și-au pierdut și floarea
Și roadele și frunza și culoarea.
Apele negre duc subt cerul cald
Nămoluri fierte, grele, de asfalt.
Oriunde capul caută să-și puie
Locu-i spinos și iarba face cuie.
Cocorii trec Tăria fără el
Și nu-l mai cheamă zborul lor defel.
Viața veciei, cuibul din ogivă,
Inimii lui ajuns-au deopotrivă,
Și-ntîia dată simte, cît de cît,
În dumicarea timpului, urît;
Căci neștiută-ncepe să-ncolțească
Pe trupu-i alb o bubă pămîntească.

THE SICK ANGEL

My angel remembers
Joys of former times.
Sky reaches to his taste
With sour milk, sharp grapes.
It no longer sends stars
Painted like holy flags,
And the wind no longer spurs evening
With aromas of wine and oil.
Orchards, fields have lost their bloom,
Crops their color and leaves.
Beneath warm skies black waters
Carry bubbling asphalt sludge.
Wherever his head seeks to rest
That place is thorny and grass turns to nails.
Cranes cross heavens without him;
Their wings call to him no more.
His heart can no longer stand
The life of eternity, the ogive nest,
And little by little, for the first time,
He feels hideous in time's crumbling.
Unknown to him an earthly tumor
Has begun to sprout
On his white body.

FIARA MĂRII

Te iată iarăşi singur, în luntrea cît o scoică,
Luptînd în fundul zării cu norii mari din cer
Şi legănat de mare, de fiară, ca de-o doică,
Şi năbuşit în cîntec de ţîţele-i de fier.

Talazele-adunate cu bezne, şerpi şi rîme,
Şi-n gloate ghemuite, fanaticii limbrici
Te urmăresc: izbînda şi lupta să-ţi dărîme,
Fiindcă putuşi furtuna cu fruntea să despici.

Deasupra muncii tale încet biruitoare
Veghează-n toată lumea un singur strop de stea,
Ca un păianjen care a pogorît din soare
Ca-n trecerea vîltorii zălog şi scut să stea.

Te iată prins de vînturi. Stihia nu te cruţă.
Ca-n vremea cînd, lipsindu-i şi luntre şi lopeţi,
Omul era bolnava şi palida maimuţă,
Înfricoşată-n faţa cereştilor păreţi.

Departe eşti, departe, ca fluturii ce-şi lasă
În ramuri crisalida, din piersicul natal,
Departe foarte, frate, de sine-ţi şi de casă,
Gonind întreg oceanul, străin, din val în val.

Unde se duce singur, urzit în marea deasă?

THE SEA-BEAST

There you are, alone again in a cockle-shell boat,
Fighting on a sea-bed with great clouds from the sky
And rocked by the sea, wild beast, as if by a wet-nurse,
Smothered in song by its iron paps.

Breakers heaved up with darkness, serpents, eels,
And in the swarm, fanatical roundworms
Pursue you: May victory and struggle cast you down
Since you breached the storm with your brow.

Above your steady victory's work
A single star-sliver watches over all the world
Like a spider from the sun down-twined,
Security and shield in the passing whirlpool.

I see you carried off by the wind; the elements
Do not spare you. As in that time when man, having boat
Nor oar, was a sick and pallid monkey
Terror-stricken before celestial walls.

Far off you are, far off. Like butterflies that leave
Their chrysalides on branches far from their native peachtree.
Far off indeed, brother, from yourself and home,
Chasing the whole ocean, a foreigner, riding the waves.

Where does he go alone, woven in so dense a sea?

POATE CĂ ESTE CEASUL

Poate că este ceasul, de vreme ce scoboară
Din arbori toată frunza ce-a fost și strălucit,
Să ne privim trecutul în față, liniștit,
Cînd urma lui de umbră începe să ne doară.

Și, fără umilință și fără de mîndrie,
Să ne-amintim în noapte, de noi, din fir în fir,
Și să privim zigzagul, pe stînci, de tibișir,
În care-și puse pasul fragila mărturie.

O zi mărunți, o noapte aprinși cu foc de aștri,
Cînd răstigniți, cînd slobozi și mari și-adesea mici,
Păstori de crizanteme, profeți pentru furnici,
Deasupră-ne vulturii pluteau în cer albaștri.

Și de ni-s rupți genunchii de căile spinoase,
De ce pentru-ntristare să fie tot ce-a fost?
Nu-i toamnă? Să ne facem din noi un adăpost
Și s-adunăm deșertul, la cald, pe lîngă case.

Să luăm cenușa stinsă pe vechile altare,
Să-i dăm din nou văpaia și-un fum mai roditor.
S-o-mprăștiem, sămînță, pe șesul viitor,
Nădăjduind culesul tîrziu, cu întristare.

PERHAPS IT'S TIME

Perhaps it's time, since there falls
From trees all leafage that has been
    and shone,
To look our past calmly in the face
When its track of shade starts to pain.

Without humility and pride,
Let us recall ourselves in the night
    from thread to thread,
And witness on rocks the zigzag of chalk
In which fragile testimony left its trace.

One day, trifling, small, one night blazing
    with astral light,
Sometimes crucified, sometimes free and great,
    often small,
Shepherds of chrysanthemums, prophets
    for ants.
Above us eagles float blue in the sky.

And if our knees are torn by thorny paths,
Why does everything that has ever been
    turn to sadness?
Is it not autumn? Let us make a shelter
    of ourselves,
And gather the desert near the warmth
    of homes.

Let's take spent ashes from ancient altars,
Kindle them anew, give them
    more fruitful smoke.
Let us scatter the seed on future plains
Hoping sadly for the late harvest.

NEHOTĂRÎRE

Îmi voi ucide timpul și visurile, deci,
Cîrpi-voi pe-ntuneric mantaua vieții mele.
Drept mulțumirești-voi că cerurile reci
Vor strecura prin găuri lumina unei stele.

Să las s-o umple cerul cu vastul lui tezaur?
Înveșmîntat domnește, să trec cu giulgiul rupt;
Pe coate cu luceferi, spoit pe piept cu aur
Și tatuat cu fulger, să nu-nving? să nu lupt?

Să bat noroiul vremii, cu ochii-nchiși. Hlamida
Să-mi scoată-n drum nerozii, rînjiți, din cîrciumi, beți.
Ca fluturii, ce rabdă să-i poarte-n praf omida,
Să rabd și eu în mine, povară, două vieți?

Un om, trudit și-acela, îmi va deschide mîine
Mormîntul pomenirii cu mîna-i preacurată,
Ca să mă frîngă-n soare, schimbat prin moarte-n pîine,
Și fraților din urmă, șoptind să mă împartă.

Dar ziua care trece și mă rănește-n treacăt
Îmi umilește cîrja și-mi încovoaie crinii,
Și inima urmează s-atîrne ca un lacăt
Cu cheile pierdute, la porțile luminii.

IRRESOLUTION

I'll kill my time and dreams, then.
I'll mend my cloak in the dark.
As thanks, I'll know that icy skies
Will filter starlight through the holes.

Shall I allow the sky to fill my cloak
    with vast treasure?
Richly clad, shall I pass with
    torn shroud?
Lucifers on my elbow, gilded
    on my breast,
Tattooed with lightning, shall I
    not conquer, not fight?

Am I to beat time's mire with
    closed eyes?
Shall dolts strip me of my cloak on the road,
    sneering, tavern-drunk?
Like butterflies who endure the caterpillar
    bearing them through the dust,
Shall I endure within me the burden
    of two lives?

A man, no less worn out, will open
    in the morning
My commemorative tomb. With immaculate hand
Break me, death-changed into bread,
To pieces in the sun.
And to my brothers who follow, he whispers
    he'll share me out.

But the day that passes in its passing wounds
Humbles my staff and bends my lilies low.
So my heart hangs like a padlock
With lost keys at the gates of light.

De ce nu pot să nu știu, de ce nu pot să n-aud
În ce stă rostul zilei și prețul de-a ți-o trece?
Deschide-mi-te, suflet, prin șapte ochi de flaut,
Și cîntecul și viața și moartea să le-nece.

Why can I not know, why can I not hear
What the sense of day is and the price
    of eking it out?
Open yourself to me, my soul, through
    the flute's seven eyes,
And let song drown life and death.

ARHEOLOGIE

Sufletul meu își mai aduce-aminte,
Și-acum și nencetat, de ce-a trecut,
De un trecut ce mi-e necunoscut,
Dar ale cărui sfinte oseminte

S-au așezat în mine făr' să știu,
Cum nici pămîntul știe pe-ale lui,
În care dorm statui lîngă statui
Și-i zăvorît sicriu lîngă sicriu.

Un murmur nentrerupt, de epitafe,
Cari mai străine, care mai sonore.
Prin aer, timpu-i despărțit de ore,
Ca de mireasma lor niște garoafe.

Tăcerea vocile și le-a pierdut,
Care-o făceau pe vremuri să răsune.
Aud țărîna doar a vocilor străbune,
Cum se desface, cum s-a desfăcut.

Și, cîteodată, totul se deșteaptă,
Ca-ntr-o furtună mare ca Tăria
Și-arată veacurile temelia.
Eu priveghez pe ultima lor treaptă.

ARCHEOLOGY

My soul recalls without rest
That which has passed;
A past unknown to me
But whose holy bones

Lie buried without my knowledge,
Just as no earth knows its own
Where statues sleep in a row
And coffins are concealed one by one.

An uninterrupted murmur of epitaphs,
Some stranger, some more sonorous.
Through the air, time's divided in hours
Like carnations, according to their scent.

Silence too has lost its voices
Which caused it to echo down time.
I hear only the rust of ancestral voices
Dissolving, coming apart.

And sometimes everything wakens
Like a storm large as the heavens,
And the ages bare their foundations.
I keep watch on their last step.

GRAVURĂ

Astăzi, soarele, prin ceață,
S-a născut din haos, mort,
Pe-nserata dimineață,
Cenușie ca un cort.

Pe cînd sufletul coboară,
Melancolic, pe-amintiri,
Ca o pulbere ușoară
De scîntei și licăriri,

Peste cărțile din care
Se deșteaptă musc trezit
De pe foi ce-au putrezit
Prin unghere de sertare,

Orologiul, ploaia-n urmă
Și cu inima-ntr-un ritm,
Bat secundele ce-n turmă
Nencetat au tot murit.

Și ce liniște se-așterne!
Și cum sufletul se-aude,
Scuturînd arìpe ude
Peste brumele eterne!

Dintr-a mea singurătate
Las în voie timpul viu,
Care știe ce nu știu,
Și prin veacuri destrămate
Fac cu pana semn și scriu.

ENGRAVING

Through the mist today the sun
Was born of chaos, dead
At morning nightfall,
Gray as a tent.

While the soul descends
Melancholy across memories
Like a thin dust
Of sparks and glitter,

Over books
With stale musk smell,
Leaves decayed
At the backs of drawers,

The clock, rain behind,
Beating with heart's pulse,
Seconds dead in flocks
Tick endlessly by.

And what quiet falls!
And how the soul is heard
Shaking wet wings
Across eternal hoarfrosts!

Within my loneliness
I breathe time
Which knows what I do not,
And across unraveled eras
I make a sign with my pen and write.

INSCRIPȚIE PE UN PAHAR

Cristal rotund, pe-o umbră de velur,
Cu inima de-a pururea senină,
M-am născocit din ape de azur,
Am înghețat subt țurțuri de lumină.
Și nencetat, ca pietrele de rouă,
Par a renaște-n locu-mi tot virgin,
Cu-o licărire-n fundul meu mai nouă,
Pe cît mi-i încăputul de puțin.
Dar n-ai să știi, prin mine ce izvoare
S-au strecurat și cîte, liniștit.
Și nu cunoști pe buza mea scînteietoare
Buzele calde cîte m-au sorbit.
Ele-s aci-n văzduh, ca niște foi,
Cînd îmi încerci răcoarea nebăută,
Și gura ta, sorbindu-mi stropii noi,
Buzele-n zbor, umbrite, ți-o sărută.

INSCRIPTION ON A GLASS

Round crystal on velvet shade,
Serenity at my heart,
I created myself from sky-waters,
Froze under icicles of light.
I am born virgin in my place
Unceasingly as dew-pebbles,
Sparkling in my depths;
The more the less I hold.

But you won't know what and how many
Sources have filtered noiselessly through me.
And you don't know how many warm lips
Have sipped at my flashing lip.
They are here now in the air like leaves
When you try my untasted freshness;
Your mouth sipping new drops
Will kiss shadow lips in flight.

MORGENSTIMMUNG

Tu ți-ai strecurat cîntecul în mine
Într-o dup-amiază, cînd
Fereastra sufletului zăvorîtă bine
Se deschisese-n vînt,
Fără să știu că te aud cîntînd.

Cîntecul tău a umplut clădirea toată,
Sertarele, cutiile, covoarele,
Ca o lavandă sonoră. Iată,
Au sărit zăvoarele,
Și mînăstirea mi-a rămas descuiată.

Și poate că nu ar fi fost nimic
Dacă nu intra să sape,
Cu cîntecul, și degetul tău cel mic,
Care pipăia mierlele pe clape—
Și-ntreaga ta făptură, aproape.

Cu tunetul se prăbușiră și norii
În încăperea universului închis.
Vijelia aduse cocorii,
Albinele, frunzele . . . Mi-s
Șubrede bîrnele, ca foile florii.

De ce-ai cîntat? De ce te-am auzit?
Tu te-ai dumicat cu mine vaporos—
Nedespărțit—în bolți.
Eu veneam de sus, tu veneai de jos.
Tu soseai din vieți, eu veneam din morți.

MORGENSTIMMUNG

Your song filtered into me
One afternoon
When the window of my barred soul
Flew open in the wind
Without my knowing I heard you singing.

Your song has filled the whole building
The drawers boxes rugs
Like sonorous lavender.
Look
The bars have come loose
And the monastery lies open before me.

And it might perhaps have been nothing
Had you not undermined me
With your song and your little finger
That touches the blackbirds on the keys
Your whole being close by.

With a roar clouds collapse
Into the room of the closed universe.
The storm brought cranes
Bees leaves . . . My beams
Are flimsy as petals.

Why did you sing? Why did I hear you?
We have crumbled into completeness
Cloudlike under the skies.
I came from above
You from below.
You arrived from the living
I from the dead.

CÎNTARE

M-am apărat zadarnic și mă strecor din luptă
În umbra lunii albe, cu lancea naltă ruptă.
Pusei pămînt și ape, zăgaze între noi,
Și sîntem, pretutindeni, alături, amîndoi.
Te întîlnesc pe toată poteca-n așteptare,
Necontenita mută a mea însoțitoare.
Pe la fîntîni iei unda pe palme și mi-o dai,
Iscată dintre pietre și timpuri, fără grai.
Ți-ai desfăcut cămașa și-ntrebi cu sînii-n mînă
De vreau s-astîmpăr setea din ei sau din fîntînă.
Ai dus la țurțur gura cu gura mea plecată,
Voind să bei cu mine scînteia lui deodată.
Amestecată-n totul, ca umbra și ca gîndul,
Te poartă-n ea lumina și te-a crescut pămîntul.
În fiecare sunet tăcerea ta se-aude,
În vijelii, în rugă, în pas și-n alăute.
Ce sufăr mi se pare că-ți este de durere,
De față-n tot ce naște, de față-n tot ce piere,
Apropiată mie și totuși depărtată,
Logodnică de-a pururi, soție niciodată.

SONG

I defended myself in vain; now I'm slinking away
In the white moon's shade, tall spear shattered.
I had put dikes of earth and water between us,
And everywhere we were beside each other.
I meet you waiting at the track's every turn,
Silent perpetual companion.
At the wells you wet your palms with water and give me some,
Water that sprang up soundless among stones.
You've undone your blouse and ask, breasts in hand,
If I wish to quench my thirst there, or at the well.
You've sought the icicle, bending your mouth down with mine,
Wishing to drink its glitter at the same time.
Blended into everything, like shade, like thought,
Light carries you within her and the earth has raised you.
Your silence is heard in every sound,
In thunderstorms, prayer, steps, violins.
What I suffer seems to pain you,
Whether birth or desolation.
Close beside me, yet distant.
Betrothed for ever; wife never.

JIGNIRE

Neprețuind granitul, o, fecioară!
Din care-aș fi putut să ți-l cioplesc,
Am căutat în lutul rumînesc
Trupul tău zvelt și cu miros de ceară.

Am luat pămînt sălbatic din pădure
Și-am frămîntat cu mînă de olar,
În parte, fiecare mădular,
Al finței tale mici, de cremene ușure.

Zmălțîndu-ți ochii, luai tipar verbina,
Drept pleoape, foi adînci de trandafiri,
Pentru sprincene firele subțiri
De iarbă nouă ce-a-nțepat lumina.

Luai pildă pentru trunchi de la urcioare,
Și dacă-n sîni și șold a-ntîrziat
Mîna-mi aprinsă, eu sînt vinovat
Că n-am oprit statuia-n cingătoare

Și c-am voit să simtă și să umble
Și să se-ndoaie-n pipăitul meu,
De chinul dulce dat de Dumnezeu,
Care-a trecut prin mine și te umple.

Femeie scumpă și ispită moale!
Povară-acum, cînd, vie, te-am pierdut,
De ce te zămislii atunci din lut
Și nu-ți lăsai pămîntul pentru oale?

AFFRONT

In Romanian clay I looked
For your calm fragrant body,
Not caring much
To carve you in granite.

I took earth from the wood,
Each limb of your tiny being,
Flintlike,
I kneaded with potter's hand.

With vervain for pattern
I enameled your eyes.
For eyelids low leaves of the briar,
For eyebrows thin fibres of new grass that stings light.

Your waist a pitcher's, and if
My hot hand lingered over breast and thigh
Am I to blame for not cutting
The statue off at the waist

And for wishing her to walk feel
Bend beneath my touch
At the sweet god-given torment
Which passes through me and now fills you?

Dear temptress and woman,
Burden brought to life and lost,
Why then did I mould you from clay
And not leave the clay for pots?

BLESTEME

Prin undele holdei şi cîmpi de cucùtă,
Fugarii-au ajuns în pustie
La ceasul cînd luna-n zăbranice, mută,
Intra ca un taur cu cornu-n stihie,
Şi gîndul meu gîndul acestora-l ştie:

În împărăţie de beznă şi lut să se facă
Grădina bogată şi-ograda săracă.
Cetatea să cadă-n nămol,
Păzită de spini şi de gol.
Usca-s-ar izvoarele toate şi marea,
Şi stinge-s-ar soarele ca lumînarea.
Topească-se zarea ca scrumul.
Funingini, cenuşă, s-acopere drumul,
Să nu mai dea ploaie, şi vîntul
Să zacă-mbrîncit cu pămîntul.
Sobolii şi viermii să treacă pribegi
Prin stîrvuri de glorii întregi.
Să fete în purpură şoarecii sute.
Gîngănii şi molii necunoscute
Să-şi facă-n tezaur cuibare,
Sătule de aur şi mărgăritare.
Pe strunele de la viori şi ghitare
Să-ntinză paianjenii corzi necîntătoare.

Întîi, însă, viaţa, bolind de durată,
Să nu înceteze deodată,
Şi chinul să-nceapă cu-ncetul.
Să usture aerul greu, ca oţetul.
Să şchioapete ziua ca luntrea dogită,
Să-ntîrzie ora în timp să se-nghită,
Şi, nemărginită, secunda
Să-şi treacă prin suflet, gigantică, unda:
Pe sîrma tăioasă-a veciei, în scame
Şi rumegătură să vi se destrame.

CURSES

The fugitives have entered the wasteland
Through rippling wheatfields and hemlock pastures
At the hour when the voiceless moon, black-veiled,
Emerges with its bull-horns and gores the sky.
And my thoughts know their thoughts:

Let plush garden and poor yard
Become an empire of darkness and clay.
Let citadel collapse in the mud,
Guarded by thorns and emptiness.
Would that the sea and every spring dry up
And the sun snuff like a candle.
May light melt like ashes.
May soot and ash cover the road.
May it never rain, and let the wind
Be thrown sprawling onto the earth.
Let moles and worms crawl
Over corpses of famous dead.
Let mice whelp by the hundred
Among purple robes
And insects and strange moths
Nest in precious things
Larded with pearls and gold.
Over violins and guitar strings
Let spiders stretch silent threads.

But first let life, sickening with duration,
Not slacken for a moment,
And let the torment slowly start
To make dense air sting, like vinegar,
And maim day, boat with cracked ribs.
Let time delay swallowing the hour,
And let the immeasurable second
Hurl its giant wave through the soul:
On eternity's cutting edge may you be dissected
To cuds and frayed ends.

Gîtlejul, fierbinte de sete,
Să cate scuipat să se-mbete,
Și limba umflată-ntre buze
Să lingă lumina și ea să refuze,
Și-n vreme ce apa din șesuri se strînge,
Să soarbă-n mocirla copitelor sînge.
Și strugurii viei storși cu mușcătură
Să lase în gură coptură.
Coboare-se cerul, furtuni de alice
În cîmp să v-alunge cu stelele-n bice.
Despice-se piatra în colți mici de cremeni,
Vîrtej urmărindu-i pe semeni.
Odihnă cerîndu-i, pămîntul să-nțepe
Ivindu-se șerpii cînd somnul începe.

Pe tine, cadavru spoit cu unsoare,
Te blèstem să te-mputi pe picioare,
Să-ți crească măduva, bogată și largă,
Umflată-n sofale, mutată pe targă.
Să nu se cunoască de frunte piciorul,
Rotund ca dovleacul, gingaș ca urciorul.
Oriunde cu zgîrciuri ghicești mădulare,
Să simți că te arde puțin fiecare.
Un ochi să se strîngă și să se sugrume
Clipind de-amăruntul, întors către lume,
Cellalt să-ți rămîie holbat și deschis
Și rece-mpietrit ca-ntr-un vis.
Cînd ura te-nneacă și-ți scînteie-n oase
Să vrei peste mie, să poți pîn' la șase.
Necazul tău mare să dea voce mică,
Să urli, să n-auzi, să vezi că ți-e frică.

Iar ție, jivină gingaș gînditoare,
Să-ți fie șezutul cuprins de zăvoare.
Ficatul un cui să-ți frămînte.
Urechea să țipe și nasul să-ți cînte.
Să-ți crape măselele-n gură
Și dinții cu detunătură.

Let the thirst-crazed throat get drunk on spit
And let the tongue swollen between lips
Lick at light and be refused,
And while water on plains shrinks
May it sip the blood of hoofs in murky swamps.
And may grapes in the vineyard be bite-riddled
And leave festering sores in the mouth.
Let the heavens fall, storms of pellets
Chase you across fields with starlike whips.
May rock split into tiny chips of flint
Pursuing our fellow men like a whirlwind.
To those seeking rest, let earth reply with stings,
Snakes appearing when sleep begins.

And you, grease-anointed corpse,
I damn you to stink on your feet.
May your marrow grow rich and thick,
Swollen up on sofas, transferred to a stretcher.
May your forehead not recognize your foot,
Round as a pumpkin, dainty as a pitcher.
Wherever you find your limbs have cartilage
May each one burn like hell.
Let one eye recede to nothing and choke
Blinking wildly, looking straight ahead,
And the other remain staring, open wide,
Stony-cold as in dream.
When hate drowns you and flashes in your bones
May you desire a thousand or more, but obtain only six.
May your great sorrow be small-voiced,
May you howl, not hear, and realize you're afraid.

And as for you, creature of frail thoughts,
May your backside be set in iron bars.
May your liver torment you like a nail.
May your ear shriek and your nose sing.
May your molars crack in your mouth
And your teeth go off with a bang.

Să-ți pută sărutul, oftatul să-ți pută,
Mormînt cu mocirla stătută.
O unghie pe săptămînă
Să-ți coacă la cîte o mînă,
Și-n zilele de sărbătoare
Un deget și de la picioare.
De pofte să-ți sece obrazul,
De bube să nu-ți miști grumazul,
Să-ți iasă cocoașă
Și gîlci și cucuie-n cămașă.
Buricul, bubat din născare,
Să-ți sîngere subt cingătoare.
De glezne tîrîș să-ți atîrne
Ghiulele de capete cîrne,
Rînjite, scrîșnite și nerăzbunate:
Măceluri, osîndă, păcate . . .

May your kisses and sighs stink to high heaven,
Foul grave of swamp waters.
May one nail a week
Fester on each hand,
And on feast-days let one toe be stricken.
May your cheeks wither from lust,
May boils prevent you moving your neck.
May you grow a hump
And tumors and bumps appear under your shift.
May your navel, cancerous from childbirth,
Bleed beneath your girdle.
Crouching on all fours, may there hang from your ankles
Cannonballs of deformed heads,
Sneering, grinding, and unavenged:
Slaughterings, punishments, sins. . . .

BUNA VESTIRE

Dragă mamă, dragă mamă,
Pînza iar mi se destramă.
Sufletul și-acum mă doare,
Trupul iar, în cingătoare,
Brațul mi se lenevește,
Fusul scapă dintre dește,
Firul răsucit, din furcă,
Mi se-nnoadă și se-ncurcă,
Acul floarea vrea s-o-nceapă
Și se-ntoarce și mă-nțeapă.
Dau s-aleg și dau să cos
Și-mi iese lucrul pe dos.
Ochiul udă în neștire
Borangicul cel subțire.
Gîndurile mi-s amare
Ca izvoarele de sare.
În tot ce vreau și gîndesc
Aiurind mă pomenesc.
Mamă dragă, mamă dragă,
Parcă-mi crește-n sîn o fragă.
Am fost vinerea la schit:
M-am rugat și m-am smerit.
Ce să cred și ce să fac,
Cu mine ca să mă-mpac?
Mă simt pe la înnoptat
Ca un zarzăr scuturat,
Încleștat în rădăcină
De-o zvîcnire de rășină.
Și-uneori sînt ca o cracă,
Singură care se-apleacă,
Singură ce se frămîntă,
Singură plînge și cîntă,
Singură se încovoaie
De un gînd ascuns de ploaie,

ANNUNCIATION

Dearest mother, mother dear,
My weave's unraveling again;
My soul is full of hurt,
My body too, beneath the girdle.
My arm's grown lazy on me,
The spindle's slipped my fingers,
The distaff's twisted thread
Knots round me and tangles.
The needle tries to begin the flower
But turns back and pricks me.
I try to select and sew
But everything comes out back to front.
Without knowing why
The eye soaks the thinnest floss-silk.
My thoughts are bitter
As salt springs.
When I try to wish or think
I discover my mind deranged.
Dearest mother, mother dear,
Are these wild strawberries
On my breasts?
Last Friday I went to the hermitage,
Said a prayer and humbled myself.
What am I to think or do
To be at peace with myself?
Toward evening I feel
Like an apricot-tree shaken about,
Seized at its roots
By a surge of sap.
And sometimes I'm like a bough
Which bends alone,
Which is racked alone,
Which weeps and sings alone,
Which cringes alone
Like a paper bird

Ca o pasăre în foi.
Dragă mamă, îmi năzare
Că din brîu, pe la-nserare,
Înviem și sîntem doi.

At a hidden thought of rain.
Dearest mother, I fancy
Toward nightfall from my waist
We'll come to life and be two.

LINGOARE

Fata noastră e bolnavă,
Fata mea și-a dorului.
În vîrful piciorului
A-nțepat-o cu otravă
Spinul prins de crini și laur.

Fată, nu ți-am spus să pui
Ghetele cu bot de aur,
Șesu-n turn să ți-l încui,
Să-ți farmeci cărările,
Să te joci cu Duhul Sfînt
Și numai cu zările
Să te reazimi de pămînt?
Nu ți-am spus eu, la călcîi,
Să pui floare de sulfină
Și, ca steaua, să mîngîi
Ghimpii, spinii cu lumină?
Să fii floarea ce-și desparte
Frumusețea de țărînă
Și sleiește sus, departe,
Viața ei de-o săptămînă?
Nu ți-am spus, seara și-n zori,
Toate, de cîte trei ori?

(Fata zace-n pat bolnavă,
Gingașă și somnoroasă,
Ca pe-o tavă
De argint, o chiparoasă.)

Căci nu fui de la-nceput
Ca să te fi fost făcut,
Eu, cu degetele mele,
Din luceferi și inele!
Ți-aș fi pus, ca să nu suferi,
Pleoape smulse de la nuferi,

TYPHOID

Our daughter is sick,
Sick with longing.
A thorn torn from lilac and laurel
Pricked with poison
The tip of her toe.

Daughter, didn't I tell you
To wear your boots with gold toecaps,
Shut the plain in the tower,
Charm cart-tracks,
Play with the Holy Ghost?
To lift yourself from the ground
Only with horizons?
Didn't I tell you myself
To keep a flower of melilot at your heels
To caress like stars,
Thorns, and thistles with light?
Be a flower that keeps
Its beauty from dust
And freezes its life of a week
High up, far away.
Didn't I tell you at dusk and at dawn
All this three times over?

(Our daughter lies sick in bed,
Delicate, sleepy,
Like a tuberose
On a silver tray.)

For I wasn't there at the outset
To make you with my own hands
Of stars and rings.
To stop your suffering I'd have given you
Eyelids of waterlilies,

Ochi cîte un bob de rouă,
Licurici în lună nouă.
Sînii, ca doi pui de mierlă,
I-aş fi pus în cîte-o perlă.
Şi de fiece obraz
Un rubin ori un topaz.
M-aş fi dus să-l văd cum ţese
Soarele prin frunze dese,
Cum izbeşte-n piatră rîul
Şi s-ascult cum creşte grîul,
Cum îşi pune largul vînt
Aripile pe pămînt.
Şi din tot acest ştiut
Ceas cu ceas te-aş fi cusut,
Şi drept suflet ţi-aş fi pus
Sabie cu vîrf în sus.

Dar de stai şi te gîndeşti,
Mai bine să fii cum eşti,
Să te-nţepi, să te striveşti
Prin bucate pămînteşti.

Eyes of dew,
Glowworms in the new moon;
For breasts, two fledgling blackbirds,
I'd have used a pearl or two;
For each cheek
Ruby or topaz.
I'd have gone to see how the sun
Weaves among thick leaves,
How the stream gushes from rock,
To listen to the wheat grow,
Hear a strong wind
Flap its wings over earth,
And from such known things
I'd have sewn you hour after hour.
For your soul I'd have placed
A sword, tip in air.

But why stand thinking?
Much better be as you are,
Pricking and crushing yourself
Among earthly harvests.

ÎNTRE DOUĂ NOPŢI

Mi-am împlîntat lopata tăioasă în odaie.
Afară bătea vîntul. Afară era ploaie.

Şi mi-am săpat odaia departe subt pămînt.
Afară bătea ploaia. Afară era vînt.

Am aruncat pămîntul din groapă, pe fereastră.
Pămîntul era negru: perdeaua lui, albastră.

S-a ridicat la geamuri pămîntul pînă sus.
Cît lumea-i era piscul, şi-n pisc plîngea Isus.

Săpînd s-a rupt lopata. Cel ce-o ştirbise, iată-l,
Cu moaştele-i de piatră, fusese însuşi Tatăl.

Şi m-am întors prin timpuri, pe unde-am scoborît,
Şi în odaia goală din nou mi-a fost urît.

Şi am voit atuncea să sui şi-n pisc să fiu.
O stea era pe ceruri. În cer era tîrziu.

BETWEEN TWO NIGHTS

I stuck my sharp spade into the room.
Outside the wind blew,
Rain fell.

And I dug below earth into my room.
Outside the rain fell,
Wind blew.

I heaved soil through the window
Out of the hole.
The earth was black,
Its curtain blue.

Soil piled high
Against panes.
The peak was world-wide;
At the top Jesus wept.

The spade broke.
He who broke it stands there
With stone relics:
The Father himself.

I returned through time
By the way I descended.
In the empty room
Anxiety again.

I wanted to climb to the peak.
In the heavens a star shone.
In the sky it was late.

PSALM 1

Aș putea vecia cu tovărășie
Să o iau părtașa gîndurilor mele;
Noi viori să farmec, nouă melodie
Să găsesc—și stihuri sprintene și grele.

Orișicum lăuta știe să grăiască,
De-o apăs cu arcul, de-o ciupesc de coarde.
O neliniștită patimă cerească
Brațul mi-l zvîcnește, sufletul mi-l arde.

Știu că steaua noastră, ageră-n Tărie,
Crește și așteaptă-n scripcă s-o scobor.
Port în mine semnul, ca o chezășie,
Că am leacul mare-al morții tuturor.

Pentru ce, Părinte,-aș da și pentru cine
Sunetul de-ospețe-al bronzului lovit?
Pîinea nu mi-o caut să te cînt pe tine
Și nu-mi vreau cu stele blidu-nvăluit.

Trupul de femeie, cel îmbrățișat,
Nu-l voi duce ție, moale și bălan;
Numai suferința cerului, păcat
Nu-i cu ea să turburi apa din Iordan.

Vreau să pier în beznă și în putregai,
Nencercat de slavă, crîncen și scîrbit.
Și să nu se știe că mă dezmierdai
Și că-n mine însuți tu vei fi trăit.

PSALM 1

I could take eternity as comrade,
Partner to my thoughts:
Charm new violins, find new melodies,
Verses lively and difficult.

Any lute can speak if I press it
With my bow, pluck its strings.
A nervous heavenly passion
Makes arm twitch, soul burn.

I know our bright star
Swells and waits for my fiddle to draw it down.
I carry the sign within me like a pledge;
I have the cure of the death of all.

Why and for whom, Father, should I make
The happy sound of struck bronze?
I don't earn my bread singing your praises,
And don't want my dish enveloped in stars.

I won't bring you the embraced body
Of a beautiful woman;
Only the pity of heaven's suffering.
Not with her may you disturb Jordan's waters.

I want to perish in dark and rot,
Unsought by fame, cruel and disgusted,
No-one's to know you once caressed me,
That in me your very being lived.

PSALM 2

Sînt vinovat că am rîvnit
Mereu numai la bun oprit.
Căci am dorit de bunurile toate.
M-am strecurat cu noaptea în cetate
Și am prădat-o-n somn și-n vis,
Cu brațu-ntins, cu pumnu-nchis.
Pasul pe marmur, tăcut,
Călca, lin, ca-n lut,
Steagul nopții, desfășat cu stele,
Adăpostea faptele mele
Și adormea străjerii-n uliți
Răzimați pe suliți.
Iar cînd plecam călare, cu trofeie,
Furasem și cîte-o femeie
Cu părul de tutun,
Cu duda țîții neagră, cu ochii de lăstun.
Ispitele ușoare și blajine
N-au fost și nu sînt pentru mine.
În blidul meu, ca și în cugetare,
Deprins-am gustul otrăvit și tare.
Mă scald în gheață și mă culc pe stei,
Unde dă beznă, eu frămînt scîntei,
Unde-i tăcere, scutur cătușa,
Dobor cu lanțurile ușa.
Cînd mă găsesc în pisc
Primejdia o caut și o isc,
Mi-aleg poteca strîmtă ca să trec,
Ducînd în cîrcă muntele întreg.

PSALM 2

I'm guilty for dreaming often
Of forbidden fruit,
For I've desired all good things;
Slipped by night into the fortress,
Plundered it in sleep and dream,
Arm outstretched, fist closed.
My foot treads soft over marble,
Clay-quiet.
Night's banner shelters my deeds
With unfurled stars,
Makes sentries in alleys sleep
Leaning on their spears.
When I rode off with booty galore
I stole some woman
With tobacco hair
Blackberry nipples and martin eyes.
Easy mild temptations
Are not for me.
On my plate as in my thoughts
I set aside the strong poisoned taste.
I bathe in ice and sleep on rocks.
When darkness comes I strike sparks.
I shake my manacle in silence,
Smash the door with my chain.
On the mountaintop I
Seek danger, provoke it,
Choosing the narrow ledge to climb,
Bearing the whole mountain piggyback.

Păcatul meu adevărat
E mult mai greu și neiertat.
Cercasem eu, cu arcul meu,
Să te răstorn pe tine, Dumnezeu!
Tîlhar de ceruri, îmi făcui solia
Să-ți jefuiesc cu vùlturii Tăria.

Dar eu, rîvnind în taină la bunurile toate,
Ți-am auzit cuvîntul zicînd că nu se poate.

My real sin
Is yet more serious and unforgiven.
I'd sought with my bow
To overthrow you, Lord.
Outlaw of skies, I made it my task
To plunder your firmament
Alongside vultures.

But even while I secretly coveted your domains
I heard your voice. It said,
This cannot be.

PSALM 3

Tare sînt singur, Doamne, și piezis!
Copac pribeag uitat în cîmpie,
Cu fruct amar și cu frunziș
Țepos și aspru-n îndîrjire vie.

Tînjesc ca pasărea ciripitoare
Să se oprească-n drum,
Să cînte-n mine și să zboare
Prin umbra mea de fum.

Aștept crîmpeie-n zbor de gingășie,
Cîntece mici de vrăbii și lăstun
Să mi se dea și mie,
Ca pomilor de rod cu gustul bun.

Nu am nectare roze de dulceață,
Nici chiar aroma primei agurizi,
Și prins adînc între vecii și ceață,
Nu-mi stau pe coajă moile omizi.

Nalt candelabru, strajă de hotare,
Stelele vin și se aprind pe rînd
În ramurile-ntinse pe altare—
Și te slujesc; dar, Doamne, pînă cînd?

De-a fi-nflorit numai cu focuri sfinte
Și de-a rodi metale doar, pătruns
De grelele porunci și-nvățăminte,
Poate, că, Doamne, mi-este de ajuns.

În rostul meu tu m-ai lăsat uitării
Și mă muncesc din rădăcini și sînger.
Trimite, Doamne, semnul depărtării,
Din cînd în cînd, cîte un pui de înger,

Să bată alb din àripă la lună,
Să-mi dea din nou povața ta mai bună.

PSALM 3

Greatly alone, Lord, and confused.
Fugitive tree forgotten on low land.
Bitter fruit and foliage
Thorny and harsh in resistance.

I long for a bird
To stop on its way
And sing in me and fly
Through my smoke shade.

I wait for the daintiest of creatures,
Thin songs of sparrows and martins
Given not only to succulent fruit-trees,
But to me.

I have no rosy nectars of preserves,
Not even the aroma of fresh green fruit.
Caught deep between eternity and mist
Soft caterpillars refuse my bark.

Tall candelabrum, sentinel of boundaries,
The stars come, catch fire one by one
On branches stretched over altars—
And I serve you, Lord; but for how long?

To flower with holy fruits only,
Bear only metal fruit, impressed
By severe commands and injunctions,
Is enough perhaps, Lord, for me.

You have left me alone to attain my end;
I torment myself at the root, and I bleed.
From time to time, as mark of your distance,
Send, Lord, a small angel, new-fledged,

To flap round the moon with his white wings
Bringing to me your words, once more.

PSALM 8

Pribeag în şes, în munte şi pe ape,
Nu ştiu să fug din marele ocol.
Pe cît nainte locul mi-e mai gol,
Pe-atît hotarul lui mi-i mai aproape.

Piscul sfîrşeşte-n punctul unde-ncepe.
Marea mă-nchide, lutul m-a oprit.
Am alergat şi-n drum m-am răzvrătit
Şi n-am scăpat din zarea marei stepe.

Sînt prins din patru laturi deodată,
Şi-oricît m-aş măguli biruitor,
Cunosc ce răni şi-anume unde dor
Şi suferinţa mea necăutată.

Din vitejii şi biruinţi trecute
Am cîştigat puterea, ce-a rămas:
Nu mai străbat destinul meu la pas,
Ci furtunos de-acum, şi iute.

Nu lua în seamă cîntecele grele
Cu care turbur liniştea de-apoi.
Sînt leacuri vechi pentru dureri mai noi
Şi cîntă moartea-n trîmbiţele mele.

PSALM 8

Wanderer over mountain and plain, across seas,
I cannot escape the great round.
The more deserted the place ahead
The closer its boundary appears.

The summit ends in the point it began.
The sea shuts me in, the mud halts.
I ran and rebelled on the way, but
Could not escape the steppe's wide horizon.

I am enclosed at once by four sides.
Whatever my triumph deceiving myself
I know my wounds, where they hurt,
My suffering unsought.

From brave deeds and past victories
I've gained strength, which remains.
No longer outwalking destiny
I storm past, in a rush.

Ignore these heavy songs
With which I stir the quiet of those days.
They are old cures for old sorrows
And through my trumpet death sounds.

RESTITUIRI

N-au mai rămas prea multe de-nvins și de știut.
Șoseaua se strîmtează, cărările se-mbină.
Le simți apropiate din ce în ce mai mult,
Ca spițele din roată, crăpate de lumină.

Ne-apropiem. Văzduhul miroase-a vechi prin noapte,
Flori vechi răsar de-a pururi cu vechile lumini.
Un abur slab se cerne, un cer spoit cu lapte,
Departe-n orizonturi, se naște prin tulpini.

E-o insulă? un munte? o apă? un deșert?
De ce-ar sfîrși-n pustie călătoria noastră?
Ne-a mai rămas s-ajungem, acolo, poate-un sfert
Din calea străbătută, jos verde, sus albastră.

Să ne oprim? Un cîntec ne vine de la han.
E vinul bun și patul adînc și tu ești dulce.
Și-ai vrea, învăluită în părul tău bălan,
Pe jaruri carnea noastră, de vie, să se culce.

Nu. Mînă crîncen, timpul tu sparge-l cu potcoava,
S-apropiem vecia mai repede de noi.
Păstrează-ți sărutarea, ca florile otrava,
Ca să o dăm țărînii întreagă înapoi.

RESTORATIONS

Not many remain to be conquered and known.
The highway narrows, the tracks unite.
You feel them ever closer,
Spokes split by light.

We're approaching. Air smells old in the night.
Old flowers spring up with old lights forever.
A thin mist sifts. Far off on horizons
A milk-washed sky is born among stems.

Is it island mountain water desert?
Why should our journey end in this wilderness?
There's quarter of the road to cover
Before we get there, green below, blue above.

Shall we stop here? A song floats from the inn.
Good wine, deep bed, your beauty.
You and your gold hair would want
Our vineyard flesh to lie on embers.

No. Drive cruelly. Shatter time with a horsehoe,
Drawing eternity closer!
Keep your kissing like flowers their poison
For us to restore it whole to earth.

ÎNCHINĂCIUNE

Viață de foc! ce faci în vatra noastră?
Te-nnăbușe chibritul și te sting
Hîrtiile-aruncate în flacăra-ți albastră.
Zalele noastre nu se mai ating
Să-și oțărască solzii lor, de tine.
Platoșa noastră n-a mai oglindit
Văpaia negurilor toate, pline
Din răsărituri și din asfințit.
Cînd păstoream cu turmele pămîntul
Și ne mutam ușori din loc în loc,
Și nu știam unde ne-a fi mormîntul
Și viețuiam cu zarea launloc
Și ne sculam cu soarele deodată
Și ospătam pe-o margine de apă
Și ne urma vecia ca o roată
Și-aveam toiag și fluiere drept sapă
Și plug; și visul ne era patul—
Atuncea ochii noștri zîmbitori
Nu căutau de subt învelitori
Petecul unui crepuscùl.
Necunoscînd hîrtie și cerneală,
Cîntecul nostru se-nnălța cîntat,
Iar nesfîrșitul vieții nu era stricat
De un canon, un scris, o zugrăveală.
Unde purcezi? rosteam la despărțire
Și arătam cu brațul în apus,
În miazăzi, prin aburul subțire
Ce-l risipea cădelnița de sus.
În miazăzi, în miazănoapte,
Pe patru drumurile largi ale făpturii
Veneau cu noi, deasupră-ne, vultùrii,
Și ugerii, alături, ai vitelor, cu lapte.
Necăutînd în turle și orașe
Unde se-nseamnă timpul cu-o bătaie,
Soroacele stau scrise în stelele urmașe,
Și ne simțeam acasă subt cer, ca-ntr-o odaie.

AT PRAYER

Life of fires! What do you want on our hearth?
The match smothers you and the papers
Thrown onto your blue flame snuff you out.
Our coats of mail no longer touch you
To embitter their scaly links.
Our armor no longer mirrors
The blaze of darkness full
Of rising and setting suns.
When we grazed the land with our flocks
And moved unhindered from place to place,
And never knew where our grave would be
And lived with the horizon always ahead of us
And rose with the sun
And feasted at the water's edge
And eternity followed like a wheel
And we carried crook and pipes for hoe
And plow; and dream was our bed—
Then our smiling eyes
No longer sought the twilight patch
Beneath the covers.
Ignorant of paper and ink
Our song rose up sung
While infinite life remained unspoiled
By canons documents frescoes.
Where are you headed? we would ask at parting.
And we'd point with our arm to the west
To the south through the thin haze
The thurible spread above.
To the south to the north,
Along the four wide paths of being.
Soaring eagles kept us company above,
Cows with heavy udders loped beside us.
In towers and towns
Where time is marked with a beating
We did not seek the intervals that remain
Written in descendant stars.
We felt at home in the sky
As in our own room.

POTIRUL MISTIC

Iată-l cuprins în singura lumină
Ce-o altoiește cerul pe pămînt.
De liniști mari cărarea lui e plină
Și pasul lui e tînăr, drept și sfînt,
Precum ar fi al codrilor de stele
Cînd s-ar mișca din loc, și-n mers
Păstorul alb, ivindu-se-ntre ele,
Și-ar face drum, păscînd, prin univers.

L-așteaptă-n zări talazele de fier:
Nestrăbătuta lor întunecime—
Ce bat zăgazul limpedelui cer
Cu spaimă, hotărîre și cruzime.
E o statuie de-ntuneric sfîntul,
Și ochiul care să-l pătrundă
Nu l-a născut din lutul lui pămîntul,
Ca să-l ridice peste el și undă.

Amforă,-n jur cu-o antică pictură
Ce-și amintește-n mùrmur c-a rămas
Plinul de umbră pîn' la gură,
Vas tămîios, pe-un fost iconostas,
Du-te, purtată-n soare cu mîndrie,
Pînă acolo unde-s zori de seară,
Și varsă-te în bezna cenușie
Întreagă, liniștită, solitară.

THE MYSTIC CHALICE

In the unique light Heaven grafts on earth
See him.
His path is full of huge silences
And his step young sacred and straight
Like that of the white shepherd
Of the wooded stars when he first moved from his place
And appearing among them on his journey
Passed on his way, grazing his flocks through the universe.

Iron waves await him on the horizon—
Their uncrossed darkness—
They pound the clear sky's dike
With terrible cruel resolve.
The saint is a statute of darkness.
Earth's clay has not given birth to that age
And eye which can pierce him,
Raise him above itself and the wave.

An ancient painting circles the amphora
Which remembers in murmurs that it's remained
Full of shadow to the brim.
Incense-perfumed vessel on an old altar-screen,
Go, carried proudly in sun,
To where the dawns of evening rest,
And pour yourself into ashen gloom
Whole, quiet, alone.

VRACIUL

Am un bazar de zări și firmamente
De cioburi noi de lună și planeți.
Aștri defuncți atîrnă de păreți,
Împărecheați cu zeci de instrumente,

Tablouri fără dată, cărți, portrete,
Pendule-n care cucul s-a oprit,
Spade cu vîrful ars și ruginit,
Icoane, pajuri, chivote, stilete . . .

Am chei pe toate ușile-ncuiate,
Cîntare, cumpeni și măsuri
De prețuit cenușile necercetate
Din sufletul imponderabilei naturi.

Am site fine de cernut polenul
Împrăștiat cu-albinele pe bolți.
Unelte, cu-ascuțișuri și cu colți
Pentru găsit volumul, numărul și genul.

Corăbii ancorate-n cîte-o mare,
Orașe grămădite-n crepuscùl,
Cîmpii închise și pămînt destul,
Subt clopotele cîtorva pahare,

Hlamide albe, mitre și coroane . . .
Pot unge papi, uzurpatori și regi.
Neamuri pierdute și vecii întregi
Stau condensate-n rînduri de flacoane.

Un semn, și tîmpla cerului, se-apleacă.
Un semn, și uraganul s-a trezit.
Un semn, și neamuri noi s-au zămislit!
Dar semnul mîna mea nu vrea să-l facă!

În farmacia mea atotlecuitoare
Aleanuri am la chinurile-abia simțite,
Misterioase și nemaitămăduite,
Pe cînd prin jur se naște lumea șubredă și moare.

THE MAGICIAN

Mine is a bazaar of horizons and firmaments,
Fragments of moons and planets.
Defunct stars hang from my walls
With tens of instruments.

Undated pictures books portraits,
Pendulums whose cuckoo has stopped,
Swords with blunt and rusty points,
Ikons coats of arms shrines daggers.

I have keys for all locked doors,
Balances scales and measures
To value the unsought ashes
Of mysterious nature's soul.

I have fine sieves to sift the pollen
Scattered through the skies by bees;
Tools with blades and squares
To find the volume number genus.

Ships anchored in a sea,
Cities heaped in twilight,
Closed fields and grass enough,
Beneath bells a few glasses,

White vestments miters crowns . . .
I can anoint popes usurpers kings.
Lost races and whole ages
Stand condensed in rows of jars.

One sign and Heaven's Temple crumbles.
One sign and the hurricane is roused.
One sign and new races are created.
But that sign my hand disdains.

In my all-healing pharmacy
Remedies for pains barely felt,
Mysterious and never cured before,
While all around the frail world's born and dies.

Pe șesul negru cu lumini de ceară
Pot frămînta din tină și scuipat
Un nou Adam, gigantic și nerăzbunat.
Aștept, îngenunchiată, plebea să mi-l ceară.

Eu mă fălesc că nu vînd ca atîția
Tezaurele mele. Nici nu știu
Dacă pe piață Dumnezeu cel viu
S-a ieftenit mai mult decît tărîțea.

Mormînt închis la zgomotul de-afară,
Contemplu-a cîrtiților bucurie
Lingîndu-și puii cu idolatrie,
Băloși, subt steaua mea polară.

On the black plain with waxen lights
I can knead from slime and spit
A new Adam gigantic unavenged.
I wait for the kneeling plebs to beg me for him.

I pride myself that unlike many I do not sell
My treasures, nor know whether
In the market-square the living God
Has become cheaper than corn-husks.

Like a grave closed to outside noise
I behold the joy of the mole
Licking its young with idolatry
Slobbering, under my pole star.

STIHURI

N-ar fi mai scumpă vremea sleindu-se-n tăcere
Decît bătută-n clopot de glas fără durere?
Nu-i mai de preț arama, ce încă nencercată
Așteaptă-n fundul lumii să fie căutată?
În visul ce ne-nalță uniți, deasupra noastră,
De ce nu s-ar deschide doar pleoapa ta albastră,
De ce n-am simți numai ce nu se poate ști
Și gîndurile noastre mereu le-am obîrși?
Înmormîntează-ți graiul oprit, subt sărutare,
Și lasă-ți singur trupul, cu albele-i tipare,
Învăluit de umbră, el singur să murmùre,
Ușure ca o frunză, adînc ca o pădure.
Să viețuiască singur în haosul de forță
Ce te trimite nouă prăpastie și torță.
De ce n-ai fi voluta topită, de tămîie,
Și singură mireasma, din tine să rămîie?
Drept pildă ia vecia ce-și mînă-n mări uscatul
Și tăinuiește-n raze potecile și leatul.
Și fii-ne iubită în rostul tău sublim
Și fii-ne mai scumpă prin cele ce nu știm.

Aprinde-ți două umbre de fiece lumină,
Fii nouă deopotrivă și soră și străină.
Fii ca o apă pură, în care se ascund
Nămolurile negre cu pietrele la fund.
Fii cîntecul viorii ce doarme nerostit,
Smaraldul care încă pe mîini n-a strălucit,
Poteca-n palma țării, ce nu e încă trasă
Și poate duce-n ceruri sau poate-ntoarce-acasă.
Fii arborele încă nemistuit cenușă,
Ce ne arată vîrsta minunilor la ușă.
Și dacă taina-n tine ar fi și fără preț,
Deși pustiu bordeiul nu-ndeamnă pe drumeț
Din depărtări, și-acesta, gonit de rătăcire,
Nu-și pune pe o creangă bordeiu-n suvenire?

VERSES

Wouldn't time be more precious frozen to silence
Than beaten on a bell of painless chimes?
Isn't copper more valuable that waits
Untested at the world's end?
In the dream raising us united, above ourselves,
Why should just its eyelid be revealed?
Why shouldn't we feel only what can't be known
And constantly let our thoughts flow?
Bury your forbidden speech beneath kissing
And leave alone your body with white print
Enveloped in shade, to murmur alone
Soft as a leaf in deep forest.
May it live alone in the chaos of force
Which sends you to us—precipice and torch.
Why shouldn't you be molten scroll of incense,
And merely the fragrance of you remain?
As example, eternity drives dry land into sea,
Conceals in its rays paths and the contingent.
Be beloved to us in your sublime utterance,
Be the dearest of those we do not know.

Kindle your two shades with whatever light there is.
For us may you be equally sister and stranger.
Be like pure water, in which lie hid
Muddy blacknesses with stones at the bottom.
Be the violin's song that sleeps unplayed,
The emerald that's never shone on hands till now,
The trail as yet unblazed across the country's hand,
And which perhaps leads heavenward, or home.
Be the tree not yet consumed in ash,
That shows the age of marvels at the door.
And if the mystery is worthless in you,
Wouldn't the lonely hut call just the same
To the passer-by, and wouldn't he, pursued by restlessness,
Store up the hut on memory's branch?

Priveghe dară visul din noi să-l împătrești.
Fă-i început de coardă din fiecare deșți.
Fă-i pirostrii ivoriul fierbinte-al unui trup
Cu amintiri de marmori și cu miros de stup.
Nutrește-ni-l cu ce e în tine întărire,
Cetate de altare, izvor de omenire!
Dă-i lapte de ești mumă, dă-i sînge, curtezană,
Și inima-n curvie ți-o fă de Cosînzeană.

Priveghe însă visul, stăpîn peste durată,
Să nu se depărteze de oameni niciodată.
Și cînd ne ții puterea pe brațul ce ne leagă,
Simțind subt sărutare culcată lumea-ntreagă,
Iubirea ta să fie asemeni unui rit,
Ca sufletul din rugă să iasă-ntinerit.

Take care then to make our dream grow fourfold.
Make it a beginning, every finger on the string.
Make its trivet body's burning ivory
With memories of marble and beehive smells.
Nourish it with all the strength within you,
Citadel of altars, source of human life!
Give it milk, if a mother, blood, if a courtesan,
And make your whorish heart like Cosinzeana's!*

Watch over dream yet, master of duration,
Lest it ever abandon man.
And when you preserve for us that strength over the arm
    that binds us,
And we feel beneath the kissing the whole world lodged
    within us,
Let your love be like a rite
So the soul may emerge from prayer rejuvenate.

---

* A flaxen-haired girl in Romanian folklore, symbolic of purity.

TESTAMENT

Nu-ți voi lăsa drept bunuri, după moarte,
Decît un nume adunat pe-o carte.
În seara răzvrătită care vine
De la strābunii mei pînă la tine,
Prin rîpi și gropi adînci,
Suite de bătrînii mei pe brînci,
Și care, tînăr, să le urci te-așteaptă,
Cartea mea-i, fiule, o treaptă.

Așeaz-o cu credință căpătîi.
Ea e hrisovul vostru cel dintîi,
Al robilor cu saricile, pline
De osemintele vărsate-n mine.

Ca să schimbăm, acum, întîia oară,
Sapa-n condei și brazda-n călimară,
Bătrînii-au adunat, printre plăvani,
Sudoarea muncii sutelor de ani.
Din graiul lor cu-ndemnuri pentru vite
Eu am ivit cuvinte potrivite
Și leagăne urmașilor stăpîni.
Și, frămîntate mii de săptămîni,
Le-am prefăcut în versuri și-n icoane.
Făcui din zdrențe muguri și coroane.
Veninul strîns l-am preschimbat în miere,
Lăsînd întreagă dulcea lui putere.
Am luat ocara, și torcînd ușure
Am pus-o cînd să-mbie, cînd să-njure.
Am luat cenușa morților din vatră
Și am făcut-o Dumnezeu de piatră.
Hotar înalt, cu două lumi pe poale,
Păzind în piscul datoriei tale.

TESTAMENT

At my death you'll have nothing of value
But a name on a book.
In the rebel evening that descends
From my forefathers to you
Over cliffs, through deep ravines
Up which my ancestors scrambled on all fours,
And which now wait, my son, for you to climb,
The book is a step on the way.

Set it faithfully at the bed's head;
Your charter, the first
For serfs in sheepskins
Filled with the same bones poured into me.

So we can now, for the first time,
Change hoe for pen, inkwell for furrow,
Our fathers have gathered among cattle
Centuries of sweat.
From their tongue used to call the herds
I've brought forth fitting words,
Cradles for our sons, future masters all;
Changed them to dreams and images.
From rags made crowns and buds;
Gathered venom I've changed to honey,
Leaving sweet potency intact.
The insult I took and, spinning it lightly round,
Set it to sing; sometimes to invite,
Sometimes to repel.
From the hearth I've gathered ashes of the dead
And made a stone God:
A high boundary, two worlds at its feet,
Guarding the summit of your duty.

Durerea noastră surdă şi amară
O grămădii pe-o singură vioară,
Pe care ascultînd-o a jucat
Stăpînul, ca un ţap înjunghiat.
Din bube, mucegaiuri şi noroi
Iscat-am frumuseţi şi preţuri noi.
Biciul răbdat se-ntoarce în cuvinte
Şi izbăveşte-ncet pedepsitor
Odrasla vie-a crimei tuturor.
E-ndreptăţirea ramurei obscure
Ieşită la lumină din pădure
Şi dînd în vîrf, ca un ciorchin de negi,
Rodul durerii de vecii întregi.

Întinsă leneşă pe canapea,
Domniţa suferă în cartea mea.
Slova de foc şi slova făurită
Împărechiate-n carte se mărită,
Ca fierul cald îmbrăţişat în cleşte.
Robul a scris-o, Domnul o citeşte,
Făr-a cunoaşte că-n adîncul ei
Zace mînia bunilor mei.

Our deaf and bitter pain
I've piled on the strings of one violin,
To which, when he heard it,
The master capered like a stuck goat.
From boils mildew and dirt
I've brought forth new beauties and measures.
The whip long-endured returns as words,
Redeems, slowly punishes
The offspring of everybody's crime.
It is the straightening of the dark branch,
Coming from the wood into light,
Bearing like a cluster of warts at its tip
The fruit of whole ages' suffering.

Stretched, indolent, on a sofa,
The princess suffers in my book.
Letters of fire and letters forged
Are married here,
Hot iron clenched in pincers.
What the serf wrote the prince now reads,
Ignorant that in its depths
Lies my forefathers' wrath.

II

From FLOWERS OF MILDEW
(FLORI DE MUCIGAI)

FLORI DE MUCIGAI

Le-am scris cu unghia pe tencuială
Pe un părete de firidă goală,
Pe întuneric, în singurătate,
Cu puterile neajutate
Nici de taurul, nici de leul, nici de vulturul
Care au lucrat împrejurul
Lui Luca, lui Marcu și lui Ioan.
Sînt stihuri fără an,
Stihuri de groapă,
De sete de apă
Și de foame de scrum,
Stihurile de-acum.
Cînd mi s-a tocit unghia îngerească
Am lăsat-o să crească
Și nu a mai crescut—
Sau nu o mai am cunoscut.

Era întuneric. Ploaia bătea departe, afară,
Și mă durea mîna ca o ghiară
Neputincioasă să se strîngă.
Și m-am silit să scriu cu unghiile de la mîna stîngă.

FLOWERS OF MILDEW

I wrote them with my nail on the plaster
On a wall of empty cracks,
In the dark, in my solitude,
Unaided by bull lion vulture
Of Luke Mark and John,
Verses for all seasons,
Verses of the pit
Of thirst for water
And of hunger for ashes,
Verses of today.
When my angel nail was blunted
I let it grow again,
But it didn't,
Or else I knew nothing of it.

Dark. Rain beat down far off, outside.
My hand hurt me, like a claw
That can't be clenched.
I forced myself to write with my left-hand nails.

DIMINEAȚA

Aduceți cerneala:
Se face acum socoteala.

Az-noapte, cu luna și plopii,
Opt bolnavi au dat ortul popii.
De foamea și chinul răbdării
Lipită li-i burta de șira spinării,
Și-n fundu-i, distrat și ridicul,
Ochește sinistru buricul.

Cu toții-s în pieile goale,
Au bube cleioase pe șale,
Noroaie de sînge pe piept și picioare.
A morții atroce și grea impudoare
Dezvăluie cinic ce vor,
În viață, organele lor.

În colț, un condei
Înseamnă cadavrul și-al unei femei.
Bălaie, subțire ea-și ține deschis
Pe lespede trupul, defunct paradis,
Pe cînd își arată gîndul hîd
Paznicii vii, care rîd.

MORNING

Fetch the ink:
Roll-call time.

Last night under poplars and moon
Eight invalids kicked the bucket.
From hunger and patience
Their stomachs knot tight
Against spines;
Sunken, distracted, ridiculous,
Belly-buttons balefully wink.

They're all stripped.
Sticky boils on loins,
Blood oozing over breast and leg.
Loathsome death
Cynically reveals
What in life
Were organs.

In a corner a pen
Checks off a woman's corpse.
Blond and thin
She opens her body wide
On the slab.
Defunct paradise.

The warders, laughing,
Cast hideous glances in her direction.

CINA

În frig și noroi
Trec hoții-n convoi, cîte doi,
Cu lanțuri tîrîș de picioare,
Muncindu-se parcă-n mocirli de sudoare.
Fiertura e gata.
E seară. E ploaie.
O lingură grea, cît lopata,
Dă ciorba din două hîrdaie.

Cîțiva au ucis,
Cîțiva ispășesc ori un furt, ori un vis.
Totuna-i ce faci:
Sau culci pe bogați, sau scoli pe săraci.
Livizi ca strigoii și șui,
Strîmbați de la umeri, din șold și picior,
În blidul fierbinte, cu aburi gălbui,
Își duc parcă sîngele lor.

SUPPER

In cold and mud
Thieves pass by in convoy,
A pair or two dragging chains.
Toiling in swamps of sweat.

Soup's ready.
It's evening, rain.
A heavy spoon, shovel-size,
Doles broth from two buckets.

Some killed. Some
Pay for theft or dream.
Whatever you do, it's all one:
Trampling the rich or raising the poor.
Pale as ghosts, thin,
Twisted at shoulders leg and thigh.

With yellow steam in the scalding dish
They seem to bear their own blood.

ION ION

În beciul cu morții, Ion e frumos.
Întins gol pe piatră, c-un fraged surîs.
Trei nopți șobolanii l-au ros
Și gura-i băloasă-i ca de sacîs.

Cînd cioclul ridică-n spinare,
Ion parc-ar fi de pămînt.
De-l pui poate sta în picioare.
Dar brațul e moale și frînt.

În ochii-i deschiși, o lumină,
A satului unde-i născut,
A cîmpului unde iezii-a păscut,
A încremenit acolo străină.

Departe de vatră și prins de boieri,
Departe de jalea mămuchii,
Pe trupu-i cu pete și peri,
În cîrduri sînt morți și păduchii.

JOHN JOHN

In the cellar with the dead, John looked just fine
Laid naked on the slab, a wisp of a smile on his lips.
For three nights the rats had gnawed at him.
There is resinous slaver on his mouth.

When the sexton hoisted him on his back
John seemed made of earth.
He could stand on his feet if you wanted,
But his arm was broken, limp.

In his staring eyes there's a light
Of the village where he was born,
Of the fields where the kids grazed,
Now stiff with distance.

He was captured by the boyars far from home,
Far from his mother's grief;
On his hair and bruises
Lice are dead in herds.

STRECHE

Nu știu ce-mi vine:
Aș mînca din fitecine
Și mi-aș pune mintea și cu tine,
Ca un porc.
Mă arde, mă frămînt, mă întorc.

Mi s-a făcut.
Gem și zbier ca un mut.
Mi-a lovit strechea
Și coapsa și gura și urechea.

Îmi caut leacul
Și la Dumnezeu și la Dracul,
Degeaba.
Văzduhul mă ustură ca leușteanul și ceapa.

Am un piron în țîță
Și-un vătrai în vintre mă ațîță.

Vreau să beau sînge și să rup
Ca un șarpe, ca un lup.

Cînd se vîră-n ușă cheia
Parcă scrîșnește femeia
Pătrunsă, despletită
Și neistovită.

Acum, la lună,
Stau părechile-mpreună.
Doamne! mîna se pune,
Trupul se-ncovoaie, se lipește, se supune,
Oftatul șovăie, înecul vine,
Și se zguduie mădularele, pline
Ca niște struguri, cu chin,
Ciorchin în ciorchin
Și boabe pe boabe.

GADFLY

I don't know what's got into me.
I'd eat anything I could lay my hands on,
And piglike
I wouldn't stop at you.
I'm on fire, I'm beside myself,
I'm whirling like a top.

It's happened.
I groan and bellow like a mute.
The gadfly's got me,
Ear mouth and haunch.

I seek a cure
From God or the Devil.
To no end.
The air stings like lovage and onion.

I've a spike in my nipple,
And a hot poker thrusts its way
Into my belly.

I want to drink blood and
Tear everything to tatters
Like a snake, a wolf.

When the key's thrust in the door
You'd think a woman was grinding her teeth
Pierced, disheveled,
Tireless.

Now in the moon
Couples come together.
God Almighty! A hand feels,
The body bends, clings, yields.
Moaning wavers, drowning follows,
Limbs convulse, heavy
As a bunch of grapes with anguish,
Cluster against cluster,
Grape against grape.

La ușă, drugii zac în scoabe.
Paznicul numără și spune.
Nu se face nici o minune.

Pătru Marin, flăcău
De pe subt Ceahlău,
Mai are
Zece ani de închisoare.

Iron bars hang across the door.
The guard calls out numbers.
No miracles happen here.

In his prime, Peter Marin
From Mount Ceahlău,
Still here.
Ten years to serve.

RADA

Cu o floare-n dinți
Rada-i un măceș cu ghimpi fierbinți.
Joacă-n tină
Cu soarele-n păr, ca o albină.
Se-apleacă, se scoală, sare,
Cu sălbile zornăitoare,
Ca niște zăbale spumate.
Se încovoaie pe jumătate,
Oprește șoldu-n loc, zvîrle piciorul
Spre pîlcul, în cer, unde Săgetătorul
Ațîne noaptea drumul vultùrilor de-argint.

Și-a dezvelit sărind
Bujorul negru și fetia.
Parcă s-a deschis și s-a închis cutia
Unui giuvaer, de sînge.
Ai pune gura și-ai strînge.

Statuia ei de chihlimbar,
Ai răstigni-o, ca un potcovar
Mînza, la pămînt,
Nechezînd.

RADA

A flower in her teeth
    Rada's
A dog-rose with
    hot thorns.
She dances in mud,
    sun
In her hair
    like a bee.

She bends, unbends,
    jumps into the air,
Beads clinking like foaming
    bridle-bits.
She bends in half, swings a hip
    to one side,
Whirls a leg toward the flock
    there in the sky
Where Sagittarius stalks the night-traveler
    with white eagles.

And as she leaped
    that peach of a girl
Revealed her maidenhood.
    You'd think
A jeweler's box of blood
    opened and closed.
You'd put your mouth to it
    and suck hard.

Spune-i să nu mai facă
Sălcii, nuferi şi ape cînd joacă,
Şi stoluri şi grădini şi catapetezme.
Sînt bolnav de mirezme.
Sînt bolnav de cîntece, mamă.
Adù-o, să joace culcată şi să geamă!

Her amber statue
    you'd crucify
As a blacksmith shoes a young mare
    on the ground
Neighing.
    Tell her
Not to make willows water and lilies
    when she dances,
Or flocks of birds gardens
    and choir screens.
I'm sick with her scent,
    mother,
I'm sick from her songs.
    Bring her to me
To dance lying down
    and to groan.

TINCA

Coşul ei cu soare,
Proptit în şold, pe cingătoare,
Ducea snopi de ochi galbeni, cu gene de lapte,
Si garoafe de noapte.
În sînul ei ca mura
Îşi pironeau căutătura
Domnii zvelţi din jurul mesii.
—«Cine mai ia florile miresii?»

Fă, Tinco, fă! papucii de mătase,
Mărgelele, cerceii nu ţi i-a dat Năstase—
Şi-n fiecare deşti cîte-un inel
Nu ţi l-a strîns cu mîinile lui, el.

Cine ţi-a frămîntat carnea de abanos
Şi ţi-a băut oftatul mincinos?
Cui i-ai dat, fă, să ţi-o cunoască
Făptura ta împărătească?

Cine ţi-a dezlegat părul cu miros de tutun?
Cine ţi-a scos cămaşa, ciorapul?
Cine ţi-a îngropat capul
Nebun,
În braţele lui noduroase, păroase,
Şi te-a-nfrigurat fierbinte pînă-n oase?

Tu n-ai voit să spui
Nimănui
Unde înnoptai,
Curvă dulce, cu mărgăritărel de mai!

Vezi, Năstase osînditul
Nu te-a pătruns decît o dată;
Şi atuncea toată,
Cu tot cuţitul.

TINCA

Her sunny basket
Propped against her hip
Attracted sheaves of yellow
Eyes with milky lashes
And night carnations.
Her blackberry breasts
Riveted the attention
Of the gentlemen round the table.
"Who'll get the bride's flowers?"

Tell, Tinca, tell,
Silken slippers, earrings,
Năstase didn't give you all these—
And the ring or two on each finger
He didn't put them there
With his own hands.

Who kneaded your ebony flesh,
Who drank your false sighs?
Who did you let know
Your splendid being?

Who untied your tobacco-smelling hair?
Who took off your shift,
Your stockings?
Who buried your crazy head
In his hairy knotted arms,
And who set you on fire
To the very bone?

You refused to tell anyone
Where you spent the night,
Sweet trollop
With pearls of May!

See, Năstase the lifer
Only penetrated you once,
But went right through
With the length of his knife.

LACHE

Țăpos ca un cui
Licăre ca sabia,
Forfota ca vrabia,
Să-și păstreze taina lui.

Dintr-un ban face doi,
Cum vrei, galbeni și lei,
Descîntînd cu șoapte moi;
Și dintr-unul face și trei.

Are un ciocan mut:
Bate și nu se aude.
Nicovala lui e ca de lut,
Și toate uneltele lui sînt crude.

Din metal face cocă, aluat,
Borșuri, scrum și rîntaș.
Le scade după ce le-a adunat,
Le face cogeamite caș,

Le împănează cu safire,
Scurge, tescuiește și frige—
Și scoate pentru chimire
Icre de aur, în linguri și pe cîrlige.

Și, a mai zis și o rugăciune
Pe care-o știa numai el.
Dintr-un tăciune
A scos o beteală și un inel.

Din copaie
A tras cu mîna, de-a dreptul,
O vălvătaie
Care i-a luminat fața și pieptul.

Pentru multele lui minuni,
Lache stă închis de opt ani și patru luni.

LACHE

Sharp as a spike
Bright as a sword
Active as a sparrow
To keep his secret.

From one cent he makes two,
Gold coins and silver on request,
Murmuring soft spells
From one he makes three.

He has a hammer
Whose blows can't be heard.
His anvil seems clay.
His tools are all crude.

From metal, paste and dough,
Borsch, ashes, soup-stock.
He melts what he's heaped up,
Moulding a huge whey cheese.

He crams it with sapphires,
Squeezes, kneads, bakes,
And from spoons and hooks
Draws purses and gold caviar.

And he said a prayer
Which only he knew.
From the embers he drew
A ring and bride-thread.

With his hands he drew from the trough
A fire-spurt lighting
Face and chest.

For his many miracles
Lache's already served
Eight long years four months.

SFÎNTUL

Prin iarmaroc
Trec moaștele-n roabă,
Ale lui Hialmar, duse de-o babă.
De douăzeci de ani întregi
E cel mai mare slut dintre betegi.
Tălpile-i sînt întoarse la gură,
Genunchii-s rupți din încheietură;
Fluierile sucite și bătute
S-au împietrit pe tăcute.
Ca niște aripi, umerii-i s-au frînt,
Și ochii lui caută a sfînt.
A rămas mic cît un pui
Chinuit în toate zgîrciurile lui.
Fiindcă se născuse surd și mut
Trebuia ceva din el făcut.

Auzi-l, trece. Gîtlejurile sale
Tărăgănează geamătul agale.
În glasul lui de mut
Bombăne Cuvîntul dintru început
Ce se purta chiorîș pe ape.

O muscă-i suge lacrima din pleoape.

THE SAINT

The relics of Hialmar
Move through the fair
On a barrow pushed
By a crone.
He, twenty long years,
Most deformed of deformed.
Soles curl mouthward,
Knees broken at the joint,
Shinbones twisted and warped,
Turned to stone unseen.
Shivered hedgehog shoulders,
A saint's piercing eyes.
Racked by all his shrivelings.
Born deaf and dumb
Something must be done for him.

Hear him pass. His throats
Slowly drawl the groan.
In his mute voice
Murmurs the Word in the Beginning
Carried asquint over waters.

A fly sucks a tear on his eyelid.

CANDORI

E de lege creștină.
Se închină.
E smerit, bate metanii,
Dă acatiste, face sfeștanii,
Liturghii și sărindare.
Plînge la icoana mare.
Știe tipicul pe de rost,
Zilele de harți și post,
Aghiazmatarul,
Penticostarul.
Ia parte în ison,
La Kyrie eleison.
Ar putea să fie stareț
Nepismătareț
Și arhimandrit
Neprihănit.
E numai credincios
Al Domnului Nostru Isus Hristos.

Tîlcuie Sfintele Scripturi
Cu șoapte și tremurături
Și-i nevinovat ca un trandafir
În odăjdii de serasir . . .

Are patru spargeri, în dosare.
Nouă furturi de buzunare.
Și un păcat neiertat:
Un asasinat.

CANDOR

He's Christian.
Crosses himself, prays,
Tells his beads devoutly,
Invokes the saints, dedicates,
Reads liturgies, Masses for the dead.
Weeps before the great ikon,
Knows the ritual inside out,
Feast days and fasts,
Blesses holy water,
Pentecostal fire,
Joins in responses
For the Kyrie Eleison.
He could be abbot,
Coveting nothing,
Or archimandrite
Immaculate.
He's merely a believer
In our Lord Jesus Christ.

He expounds holy scriptures
With shudders and sighs,
Guiltless as a rose
In brocaded canonicals.

Four burglaries on his record.
Nine thefts to his credit.
One unforgiven sin:
Murder.

SERENADĂ

De-cu-noaptea, cîte toate:
Clopotul toacă și bate,
Broaștele, nu știi de unde,
Calcă-n clapele afunde.
Se clătesc în beregată
Cu faianță sfărîmată
Și înghit la ceasu-ntîi
Cioburile ei scîrțîi.
Ciorile din pomi se mușcă.
Steaua cade, foc de pușcă,
Fierăstraie și rindele
Rod în ciurciuvele.
Pe la trei,
Vin păduchii mititei;
Pe la cinci,
Ploșnițele cu opinci.
Șobolanul te miroase
Pe la șase.
Gîlcile dacă ți-au copt,
Doctorul vine la opt.
Bezna rece, zidul rece.
Mai muriră paisprezece.

SERENADE

If at night, in unison,
Bell and *toacă** sound,
Frogs, God knows from where,
Tread on sunken clappers,
Rinse their throats
In broken faience,
At the stroke of one gulp down
The squeaking crocks.
Crows in trees snap.
The star falls, gunfire.
Saws and planes
Grind at rainbows.
About three,
Tiny lice show up;
About five,
Bedbugs in sandals.
About six A.M.
A rat sniffs you over.
If your tonsils show red
The doctor comes at eight.
Cold dark, cold wall.
Another fourteen dead.

* A resonant board struck with a hammer, used in Romanian monasteries to summon the faithful to the liturgy.

CÎNTEC MUT

La patul vecinului meu
A venit aznoapte Dumnezeu.
Cu toiag, cu îngeri și sfinți.
Erau așa de fierbinți,
Că se făcuse în spital
Cald ca subt un șal.

Ei au cîntat din buciume și strune,
Cîte o rugăciune,
Și au binecuvîntat
Lîngă doftorii și lîngă pat.

Doi îngeri au adus o carte
Cu copcile sparte,
Doi o icoană,
Doi o cîrjă, doi o coroană.
Diaconii-n stihare
Veneau de sus, din depărtare,
Cădind pe călcîie
Cu fum de smirnă și de tămîie.

Lumînări de ceară
Se încrucișară.
Scara din cereasca-mpărăție
Scobora în infirmerie,
Pe trepte de cleștar,
Peste patul lui de tîlhar.
Cei de față vorbeau pe dește
Cu el, și bisericește.
În tindă,
Creșteau plopi de oglindă
Și o lună cît o cobză de argint.
L-am auzit șoptind.
Și toată noaptea a vorbit cu ei
Și cu icoana Dumneaei
A de-a pururea Fecioare,
De Dumnezeu Născătoare.

MUTE SONG

Last night God came
To my neighbor's bedside
With crook, angels, and saints.
They burned with such fire
The whole hospital got
Warm as a horse's saddle.

They played on trumpet and string.
Said a prayer or two
And a blessing
Among doctors and beds.

Two angels brought a book
With broken buckles,
Two more an ikon,
Two a crozier, two a crown.
Deacons in surplices
Came from above, from far off,
Landing on their heels
Smoky with myrrh and frankincense.

Wax candles
Melted together.
A ladder from the Great Above
Dropped into the infirmary
With crystal rungs
Right above the robber's bed.
Those in front talked on their fingers
And with churchlike bob and bow.
In the passageway
Glassy poplars grew
And a moon big as a silver lute.
I heard him sighing,
And all night he talked with them
And with the Blessed Virgin's ikon,
Mother of God.

—«Lăsați-l: nu poate să v-asculte.
Nu vedeți? Azi are vizite multe,
Domnule grefier.»
Zăbrelele s-au îndopat cu faguri de cer
Și atîrnau candele de stele
Printre ele.
Ferestrele închise
S-au acoperit cu ripìde și antimise,
Și odaia cu mucegai
A mirosit toată noaptea a Rai.

L-am găsit
Zgîrcit.
El stă acum în pat.
Unde-i sufletul lui? Nu știu. A plecat.

"Leave him alone. He can't hear you,
Can't you see? He's had enough visits for one day,
Mr. District Clerk."
Window-bars crammed with sky-beeches
Among which starry candles hung.
Closed windows covered with altar-clothes
And sacred fly-swats from an Orthodox church,
And the mouldy room
Smelled all night of heaven.

I found him
Stiff.
There he lies.
And his soul?
It seems to have left.

GENERAŢII

Împărăţia-i strînsă în patruzeci de care,
Ca patruzeci de hambare.
Bunici şi strănepoţi
Fac şcoală printre roţi.
Tîrîşul de burtă,
Încălecarea scurtă,
Urcuşul, alunecuşul
Ca pluşul,
Paşii-nceţi
Ca nişte peceţi,
Copita mută,
Urma păscută,
Lacătul rupt în gură
Ca o prescură . . .
Abecedarul
Începe cu zarul.
Şi toţi,
Şi caii—sînt hoţi.

GENERATIONS

His empire's forty carts
Like forty barns.
Grandparents and grandchildren
Go to school, among the wheels.
Crawling on their bellies,
Mounting fast,
Up the slope, over icy ground
As though it were velvet,
Steps measured
Like seals on a page,
Cloth-covered hoofs,
Grassy track,
Lock broken in the mouth
Like communion bread.
Their ABC
Begins with the bolt.
And they're all,
Even the horses,
Thieves to a man.

ŞATRA

El a venit în rîul lui de care,
Şi armăsari, din zarea mare.
Şoimii pustiei însoţeau, de sus.
Vînturile daruri i-au adus,
Mugete, cîntece,
Cu cimpoaie-n pîntece.
A cobze multe stepa sunase.
Ca nişte bivoliţe grase,
Negri, norii urmăreau convoiul,
Întinzîndu-şi pe stele noroiul.
Ploaia bătea-n coviltire cu bice,
Cu pietre şi alice.
Catapulta furtunii
Bătea cetatea cerului şi-a lunii.
Aşa era uneori,
Zarea cu lanţuri, pămîntul cu vîltori,
Şi ţipete
De scripete.

Şi un şuier ca de nuia
Tăia zbierătul şi vuia.
Tutunul se făcea
În lulea
Amar
Şi scăpărai greu din amnar.
Copiii goi se strîngeau în care
Cu maimuţele între picioare,
Şi papagalii ascultau din adăpost
Cît era timpul de prost.
Cimpanzeul tremura în paie
Clăfătind o păstaie.

Regele Burtea
Mătură, stă, şi iar mătură curtea.

GYPSY CAMP

From open plains he came
With flood of carts and stallions.
Wilderness hawks followed above.
Winds brought him gifts,
Lowings, songs,
Bagpipes against bellies.
Across the steppes *cobza*-sounds*
Like fat buffalo-cows
Black clouds followed the convoy.
Rain flailed awnings
With whips, stones, and shot.
The storm's catapult
Struck sky and moon citadels.
That's how it was sometimes,
Horizons with chains, eddies of earth,
Windlass screams.

And a whistling like osier
Cut the bellow and roar.
Tobacco made
In pipes
Became bitter,
And sparks struck on flint and steel came hard.
Naked children huddled in carts,
Monkeys under their feet,
Parrots listened from shelter
How bad the weather was.
The chimpanzee trembled in the straw
Chewing a pod.

With his broom
King Belly sweeps the yard.

---

* A rudimentary Romanian lute.

MUNCA

Orice supus al regelui lor
E cu ceva sălașului dator,
Și toate meșteșugurile-s bune
Agonisita zilei să adune.
Vracii vindecă de scrinteală,
Și babele de orice altă boală.
Bubele-dulci și deochiul
Se tămăduiesc cu ghiocul;
Abuba, gingia și gălbinarea
Trec repede ca țigarea.
Doi dumicați de jar
În apa unui pahar.
Cu tăciuni
Se face și de-aplecăciuni.
Relele coapte
Pier într-o noapte.
Răscăcărătura,
Umflătura, surpătura,
Deșelarea,
Noada, spinarea,
Ceafa, nasul
Trec cu trasul.
O alifie
La sfrinție,
O băutură
La căldură,
La frig
Țipirig.
Ochiul cu puroi
E spurcat cu usturoi.
Cînd atîrnă
Dai cu scîrnă.
Răul crud
Îl bei cu ud.

WORK

Each gypsy-king's subject
Owes something to the tribe;
Any skill's fine
If it brings home the bacon.
Quack doctors treat nuts,
Old crones the rest.
Impetigo and evil-eye
Cured with centaury;
Anthrax sore gums and jaundice
Last long as a cigarette puff;
Two heapings of embers
In a glass of water;
Glowing coals and
Laying-on of hands;
Boils come to a head,
Disappear overnight.
Bandy legs
Swellings hernias
Swollen hip-joints
Sore coccyx back
Nape of neck and nose
Are eased with a good yank.
An ointment for the clap,
A potion
For fever,
Spirits of ammonia
For those with a chill.
Eyes weeping puss
Are rubbed with garlic.
When they pop out
Smear them with shit.
Piss is fine
For a violent attack;

La rînză
Oblojeală cu pînză.
Frica
Se bea cu apă-de-nimica.
Meșteșugul
Vine cu beteșugul.
Cum ți-e răul,
Cîrmîzul, spînzul, scăpăul,
Sînge de nouă frați, coconari,
Migdale amari,
Așa îți este și leacul:
Ducă-se de-a berbeleacul.

Te lovește pacostea:
Ea-ți desface dragostea.
Un birlic, întors, de carte,
Te ferește și de moarte.
Și cînd vrei
Sufletul să i-l iei
Cuiva
De undeva,
Și să-l dai la Dracu,
Întinzi tot zodiacu.

Asta te ține scump, vezi bine!
Un zmaragd și două rubine.

For bellyache
A cloth poultice.
Fear's best swallowed
With just water.
Your cure is
As nasty as your illness.
Cochineal, hellebore,
Blood from nine brothers, pine nuts,
Bitter almonds—
Go jump over yourself.

Misfortune strikes you,
Dampens your spirits.
An ace turns up at cards,
Shields you from death.
And when you want
To snatch someone's soul
For the devil
You use the whole zodiac.

So there you are, that's what gives you class:
An emerald and two rubies.

LA POPICE

O palmă grea i s-a lipit pe gură.
În creștet pumnul puse-o lovitură.
Bocancul îi ajunse pînă-n mațe.
O clipă, văzu numai stele și ațe—
Și șovăi pe un călcîi.
«A! vrei să birui și ai dat întîi!»

Se-nțepeni din umeri, din bărbie,
Spinarea piatră și-o făcu. Ce-o fi să fie!
Sumese mîneca și scoase
Două brațe cu pulpele groase,
Scrise cu slove și horbote albastre.
Dîrdîia podina subt mesele noastre.
Ceasul se făcu înfricoșat.

Lungindu-se scurtul, cel lung s-a cocoșat
Și furnicau toți ochii, fierbinți.
Încă un pumn! Dar fu primit în dinți,
În ascuțișul colților cîinești,
Și zdrelit ca de dălți, la dești.

Dacă-ncepe ghiontul să te doară,
Lungule, ne faci de ocară.
O săritură înnapoi:
Venea scurtul, vîlvoi,
Ca un arici, hotărît să înfrunte
Vijelia namilei din munte.

Scurtul l-a și mușcat
De musteață
Și a scuipat
Sînge din ea, cu mătreață.

—«Puneți mîna, mă! Veniți încoace!»
—«Lasă, bă! că bine-i face!»
Scurtul îi sfîșiase buza celui lung.

SKITTLES

A heavy hand wiped his mouth.
A fist shook the top of his head.
The next got him right in the guts.
For a moment he only saw stars,
Rocked back on his heels.
You wanna win, so you hit me first!

Shoulders squared, chin set,
His back a stone block. OK. If that's how you want it!
Sleeves rolled up,
Two knotted forearms emerged
Tattooed with letters and designs like blue lace.
Floorboards shook beneath our tables
And the clock took fright in its case.

Shorty straightened up, Lanky crouched.
The eyes of both itched hotly.
Another punch, right in the kisser,
In whetted doglike teeth
That gouged the knuckles, like a chisel.

If a little shove like that hurt you,
Buster, you'll shame us all.

A leap backwards:
Then Shorty rushed in, hair all over the place
Like a hedgehog determined to face
The rage of a mountain beast.

Shorty even bit him
About the moustache,
Spat out blood
And dandruff.

Grab him, man! Come on!
Let him be! Serves him right!
Shorty ripped the tall one's mouth.

Acù-i acù! Se mai ajung,
Se mai lovesc, se-mpung:

Lungul se prăvale. Îl izbi și-n beregată
O margine de gheată.

Se scoală-mpleticit
Și pune mîna pe cuțit.

La o parte, faceți-le loc!
Dar lungul nu are noroc,
Căci scurtul, jerpelit și rămas în cămașe,
Îl rupe de boașe.

Și toată pricina
Fusese Gherghina.

Now's the time! They come to grips,
Strike home, push each other away.

Lanky falls to the ground,
Reaches for his knife.

Out of the way, give them room!

Lanky's luck was out.
Shorty, shirtless and battered,
Ripped his belly open.

And all over
Georgina. . . .

PUI DE GĂI . . .

În ceața groasă
Carul se-ntorcea acasă.
Întuneric beznă.
Nu se vedea pînă la gleznă.
Caii mergeau din obicei,
Unde, nu știau nici ei.
Hamurile nu mai știau ce mînă,
Iepile sau muntele de țărînă.
Nu se mai vedea la nimic luminile,
Dar treaba era gata.
Omul și fata
Vînduseră toate găinile.

Doamne! parc-au dat cu oiștea în niște zid.
Iepile s-au împleticit.
Cinci oameni de cositor, cu un cuțit
Măruntaiele și buzunarul omului le-au scotocit.
Și, nevăzută, fata s-a strecurat în pîcla stătătoare
Și a orbăcăit, tîrîș ca o lipitoare,
Pe dihania nopții, vreme lungă,
Pînă ce i-a fost sorocit, undeva să ajungă.

SPAWN OF KITES

The cart rumbled home
In thick fog
Pitch blackness.
You couldn't even see
Your ankles.
The horses moved
Out of habit,
Not even they knew
Exactly where.
The reins had no idea
What they guided:
Mares or heaps of dust.
Lights were lost
In nothingness.
But day's business
Was done.
The man and girl
Had sold their hens,
Every one.

Good God! You'd think
The shaft had run
Into a wall!
The mares staggered
And shied.
Five reapers
Each with a knife at the man's belly
Searched his pockets.
The girl slipped away
In the swirling mist,
Groped a long time
Close as a leech
In the monstrous night
To wherever she was destined
To arrive.

—«Oameni buni!» În strungăreața ușii
Mîna fetei se lovi de mîna mătușii.
Mătușa, cine-o fi fost, o băgă în odaie,
Și fata povesti, la vatră, într-un crîmpei de văpaie,
Că veneau de la tîrg, că le-au ieșit în drum hoții
Și că ea scăpase pe dindăratul roții.
—«Fetico, stăi colea cu Dumnezeu, și
Lîngă fata mea te-i hodini.»
Avea și mătușa o fată
Despieptănată,
Și cîteștrele femeile s-au suit în pat
Și s-au culcat:
Întîi, cele două fete,
Fata babii la părete.
Și baba desfăcu un cojoc
Și cuprinse fata noastră la mijloc.

Într-un timp, baba
Întinse laba.

Fata ei sforăia. Bun!
Și părea că și fata străină doarme tun.

Într-alt timp, se auzi un ciocănit.
Cinci oameni de plumb au venit
Și au șoptit
Că se întorc mofluzi la han.
Că omul ce-l beliseră pe drum n-avea la el un ban.

In the door's crack
Her hand found the hand
Of a woman who
Pulled her into
The room
And the girl told at the hearth
By the flickering fire
How thieves had jumped them
On their way home from market
But she had hidden
Behind a wheel.

God be with you, dear!
Now you lie by my daughter
And rest—the crone
Had a drab daughter.
And all three climbed into bed
And prepared to sleep.
First the two girls,
The daughter next to the wall,
And the old woman spread a sheepskin
To cover our girl in the middle.

The old woman stretched out a paw
Before long.
Her daughter snored.
Perfect!
And it seemed that the stranger
Slept like a log.

Hoofbeats
Soon after.
Five leaden men arrived,
Whispered to her they returned
Penniless to the inn
Since the man they fleeced
Hadn't a sou.

—«Mai tacă-ți gura și uită-te-ncoa:
E fata lui și banii îs la ea»,
Răspunse baba, arătîndu-i patu:
—«Ai să te duci și tu, fetică, după tat'tu!»
Și baba se linse pe buze,
Cu pofta de sînge a unei mîțe lehuze.
Ați înțeles cu toții
Că baba era gazda și ceilalți erau hoții.

Toți chitiră să bage fata-n beci
Și să-i facă de ducă, așa, ca la berbeci,
Și să o puie pe jar.
Dar nu era bine să miroasă-n toiul nopții a grătar.
Mai bine, bucată cu bucată,
Să fie aruncată.

Dar, vorba lui Terchea-Berchea,
Fata trăsese cu urechea.
Se strecură pe lîngă fata mătușii,
Ce dormea ca dușii
De pe lume, și-i luă locul încet.

Atunci, pe-ntuneric, berechet,
Brațele, mîinile, degetele, hoții, baba
Înăbușiră fata lor, o tîrîră-n beci, degeaba,
Pe cînd fata noastră fugi, pe ceață,
Pînă se făcu dimineață.

Baba miorlăie acum după fată-n închisoare,
Și hoațele de la femei o scuipă și o tîrnuie.
Tîlharii taie-n ocnă sare,
Și capul lor cîrciumarul Cîrnu e.

Shut up and look!
It's his girl
And the money's on her—
The hag pointed.
You'll be joining your daddy soon,
My girl!
And she licked her lips
With a thirst for blood
Only mother cats possess.

They put their heads together:
Throw her in the cellar,
Slaughter her as they do rams,
Roast her on burning coals?
But better not have the girl
Smelling at dead of night.
Much better piece by piece
Thrown to the dogs.

But the girl had followed
That bitch's words.
She snuggled up close to the daughter
Dead to the world
And deftly took her place.

And then, in the dark,
Arms, hands, fingers a-plenty.
The thieves and old woman
Slaughtered the daughter,
Dragged her down to the cellar
While our girl
Fled for her life through the fog
Till morning's first light.

The old hag whimpers in prison
For her daughter
And the women prisoners
Spit on her and punch her.
The robbers cut salt in the mine,
And their chief is none other
Than Cîrnu,
The innkeeper.

MORȚII

Ies morții...
Subt bolta cu clopot a porții,
Sînt zece la număr
Și, umăr de umăr,
Se duc, cîte doi, în coșciuge,
Fără mumă, fără popă, fără cruce.
Se duc împreună
Pe-nghet și pe lună.

Din condică zece s-au șters,
Vărsați în univers,
Cu brațele puse domol
Pe pîntecul gol.

Flămînzi, ei nu știu de foame
Și, țepeni, uitat-au de ger.
Răni vinete, semne infame,
Vor fi vindecate la cer.

Portarul în drum i-a oprit
Și-i numără-n boltă cu bățul.
Mort pare și calu-nlemnit
Și omul ce mînuie hățul.

Drum bun! către groapa comună.
Țărîna vă fie mai bună
Ca domnii ce v-au osîndit,
Ca preoții ce nu v-au citit.

Și băgați
De seamă, să nu vă-ncurcați.
Căci mîine seară, poate chiar diseară,
Pe la aprinsul stelelor de ceară,
Mai treceți o dată
La judecată.

THE DEAD

Under the bell-gate's arch
The dead come out,
Ten in all
Shoulder to shoulder
They go to a coffin in pairs
Without mother priest or cross.
They go together
In the moon-frost.

Ten crossed off the register,
Vomited into the universe,
Arms laid gently
On naked bellies.

Famished, they knew no hunger;
Stiff, they've forgotten the frost.
Infamous marks
Will be healed in heaven.

The gatekeeper stopped them,
Checks the number with his stick.
The wooden horse seems dead,
So does the man at the reins.

Bon voyage! To the common grave.
The soil is better
Than those who beat you,
Than priests who neglected the rites.

Take care
To keep your mind clear.
Tomorrow, perhaps tonight,
At the rise of wax stars
You'll pass to judgment
Once more.

CEASUL DE-APOI

În cer,
Bate ora de bronz și de fier.
Într-o stea
Bătu ora de catifea.
Ora de pîslă bate
În turla din cetate.
În ora de lînă
Se-aude vremea bătrînă
Și se sfîșie
Ora de hîrtie.
Lîngă domnescul epitaf
Bate glasul orei de praf.

Azi-noapte, soră,
N-a mai bătut nici o oră.

THE LAST HOUR

In the sky
Iron and bronze hour strikes.
In a star
Velvet hour struck.
Hour of felt strikes
In citadel tower.
In hour of wool
Old time is heard
And paper hour
Tears. Near princely epitaph
Hour of dust strikes.

Last night, sister,
The hour never struck.

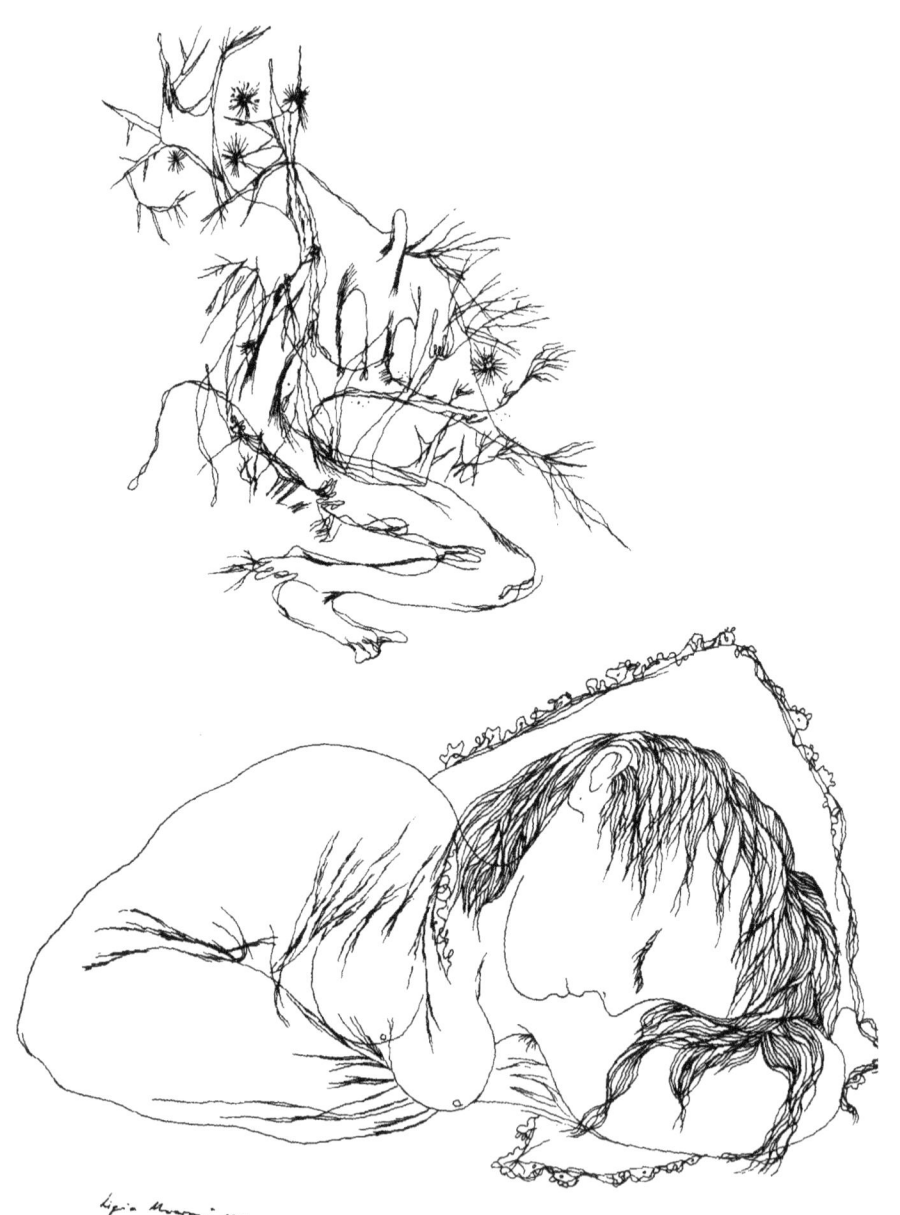

III

From EVENING VERSES
(VERSURI DE SEARĂ)

MĂ UIT

Mă uit în cer, mă uit în pămînt.
M-am întrebat cine sînt.
Gînduri se duc, vin
Din vînt, din senin,
Ca niște pasări rotunde.
Încotro? De unde?

Glasuri mă strigă cu nume străine.
M-ați chemat pe mine?
Sînt eu cel căutat?
Mi se pare că vîntul s-a înșelat.

Cîte puțin sînt dator
Fără să-mi fi dat nimic, tuturor—
Și lemnului uscat, și bălții statute,
Și florilor, și pietrelor, și vitelor bătute.
Și oamenilor din răstignire.
Cu ce să plătesc nefire și fire?

Sîngele meu nu-i al meu.
Mi-e teamă să zic «mie» și să zic «eu».
Cu ce fel de drept
Mi-aș umfla bîrnele din piept
Și mi-aș întinde pe zarea
Toată, spinarea?

Ce martor aș întreba
Ca să-mi răspundă întrucîtva
Măcar dacă sînt?

Mă tot uit în cer, mă tot uit în pămînt,
În baltă și stuh
Și adînc în văzduh.

I GAZE

I gaze at sky, at earth.
I asked, who am I?
Thoughts come and go
From the wind, the sky,
So many round birds.
From where, to where?

Strange voices call my name.
Did you call me?
Am I the one you want?
Could be the wind's mistake.

I'm in debt all round—
Never received a thing—
To parched wood and standing pools,
To flowers and stones and beaten cattle,
Men crucified.
With what shall I pay my being and unbeing?

My blood isn't my own.
I'm afraid to say "I" and "me."
By what right
Should I expand my breast-beams
And over the horizon
Stretch my entire back?

Who would I ask
To tell me
If I am at least alive?

I gaze at sky, at earth,
At marsh and reeds.
Deep into air.

PLOAIE

N-am auzit-o, parcă, demult . . .
O ascult.
Năduşeala nopţii curge pe geamuri.
Plouă-n golurile din ramuri.

Aş voi să găsesc o asemănare
Şi caut în zgomote şi mùrmure,
În viori, în naiuri şi ghitare
Ecoul nedesluşit şi turbure.

Noaptea s-a-ntunecat cu alte nopţi în fund,
Şi din noapte-n noapte, nopţile urzite
Cern ploaia ca nisipul mărunt
Nişte site.

Gîndul, ajuns în flacăra lui de ploaie tîrzie,
Se face palid şi descreşte ca o făclie.
Fereastra e cernită de un fag
De care-atîrnă noaptea neagră, toată, ca un steag.

Nu-i şuierul săbiilor ce se ascut
Şi-al spadei ciocnite de scut.
Nu e bătaia inimii. Nu-i
Turnul şi ornicul lui
În care timpul colinse.

E parcă sufletul tuturor oştilor învinse.

RAIN

It seems I haven't heard it in ages.
I'm listening to it.
Night-sweat runs down the windows.
It rains in emptiness of branches.

I'd like to find something similar,
Search sounds and murmurs,
Violins, panpipes, guitars,
The murky echo.

Night's grown dark with other nights.
From night to night warped nights
Sift rain with fine sand,
So many sieves.

In its flame of late rain thought
Pales and gutters like a torch.
The window's darkened by a beech
Where night hangs its black flag.

It's not the whistle of whetted steel,
Nor sword striking shield.
It's not the heart's beating, not
The tower and its clock
Where time wanders.

It's the soul of all slain soldiers.

LUNA S-A

Luna s-a suit în zare
Din pămînt, cît o căldare,
Și pe cît se tot ridică
Moara-n rîu se face mică.

La iazul de platină
Cumpăna se clatină.
Și cred că-i un meșteșug
Luna prinsă de belciug.

Cobilița-n cer se urcă,
Sprijinită-n crac de furcă,
Pe cînd moara, strînsă glugă,
Ține loc de buturugă.

THE MOON'S

Big as a bucket, the moon's
Climbed the sky from earth;
The higher it gets
The smaller the mill in the stream.

In the platinum pond
The Scales rock.
I believe the moon caught
On a hook is a sham.

The pail climbs the sky
Supported by a pitchfork's shank,
While the mill, hood drawn tight,
Keeps a tree-stump's place.

HAR

Îmbrăcați în straie de iască
Sînt gata cartofii să nască.
S-au pregătit o iarnă, de soroc,
Cu cîrtițele launloc,
Cu întunericul, cu coropijnița și rîmele,
Și din toate fărîmele
Au rămas grei ca mîțele,
Umflîndu-li-se țîțele.
Auzi?
Cartofii sînt lehuzi.
Ascultă, harul a trecut prin ei
Virginal, candid și holtei,
Dumnezeiește.
Cel-de-Sus și din veac binevoiește
Să-și scoboare sfintele scule
Pînă la tubercùle,
Și pentru negul cartofilor cald
Face descîntece, ca pentru zmarald.
Într-o noapte
Li s-au umplut straiele cu lapte
Ca să-și hrănească un pui
În fiecare vîrf de cucui.

GRACE

Dressed in tinder jackets,
Potatoes are ready to give birth.
All winter they've prepared themselves for the great day,
In the dark beside moles and worms
And mole-crickets.
From all the crumbs
They become pregnant like cats
With swollen dugs.
Do you hear?
The potatoes were but lately confined.
Listen, grace seized them, godlike,
Virginal, innocent spinsters.
The power that deigns
To probe its holy instruments
Deep as the tubers
And cast spells on potatoes' warm warts
As though they were diamonds.
One night
The jackets filled with milk
Enough to feed a cub
At each bump's tip.

VACA LUI DUMNEZEU

De prin vîrful pomilor
A venit o boabă-n zbor
De cafea,
Năclăită în perdea.
Dumnezeu cînd i-a făcut
Finţa din scuipat şi lut,
Cu o pensulă de zdreanţă
A vopsit-o cu faianţă
Şi i-a pus ca din greşeală
Două coji cu căptuşeală
În spinare,
Ca să zboare,
Şi aproape în zadar
Patru puncte, ca de zar.
Se gîndea atunci că nu-i
Greu să fie vaca lui.
Ca un nod de broderie
Neagră şi cărămizie
Care mişcă şi se zbate,
S-a-nnecat pe jumătate
În nemărginire-albastră
Din fereastră.
Şi findcă răsar în aţă
Stelele de dimineaţă,
Crede că din zare-adîncă
Luna vine şi-o mănîncă.

Şi se-aşează liniştită
Ca să fie înghiţită.

LADYBUG

From among treetops
A sticky coffee bead
Came skimming
Into the curtain.
When the Lord fashioned it
Of spit and clay, and
With a brush of rags
Painted it with glazes from Faenza,
As if by mistake he placed
Two shells, well-lined,
On its back
So it could fly
And, almost as afterthought,
Four dots, like a dice.
It seemed easy at that time
To be God's own little bug—
A knot of embroidery
Black and brick-red
That flitters and frets,
Half-drowns itself
In the window's boundless blue.
But now, because morning stars
Climb up on threads
It thinks the moon is poised
On the deep horizon
To eat it up.

And it settles down quietly
To be swallowed in one gulp.

DOMNIȚA

Prințesei mici îi pare bine
Că stăpînește țara de albine.
Cetățile dintre răchitele-argintii
Noroade au cu sutele de mii,
Și mîna-i cît o floare
Cîrmuiește dulce zeci de popoare.

Ca să le placă
În in se îmbracă
Și se stropește cu fum
De parfum,
Împresurată de un văzduh de boare
De levănțică și răcoare.

Prințesa mică-i bucuroasă.
Prisaca sună ca mùrmurul de coasă.
Fagurii sînt grei
În buricele moi ale degetelor ei.
În urzeala miilor de găuri de celule
Așteaptă-ncovoiate larvele minuscùle
Să se trezească și să-i zboare
Pe umeri, pe gulere, pe cingătoare.

A venit o solie
De o mie
Să-i cînte la ureche
Ruga bălții veche.
Pîinea ei cu povidlă și unt
O înconjoară zborul trîntorului, mărunt.
Pe cafeaua cu lapte
Au tăbărît șaptezecișișapte,
Și roiurile avide
Se îmbulzesc la felia de cozonac cu stafide.

THE PRINCESS

The little princess is glad
She rules Beeland.
Citadels among willows
Are inhabited by thousands
And her flowerlike hand
Guides nations by the score.

To please them
She dresses in linen
And sprays herself
With perfume,
Beseiged by a breeze
Of cool lavender.

The little princess is happy.
Her garden sounds
Like the swish of scythes.
Beeches are heavy
To her soft fingertips.
In the thousand-cells' weave
Minuscule larvae wait doubled up
To waken and fly
To her shoulders, collar, waist.

A thousand-strong deputation
Came
To sing in her ear
Prayers of old pools.
The flight of small drones
Covered her bread and jam.
On her café au lait
Seventy-seven pitched camp
And avid swarms
Jostle the slice of pound cake.

CÎNTEC DIN FLUIER

Inima mi-e drumul cu ploile,
Mi-e drumul cu praful și oile,
Drumul sterp dintre copaci,
Mi-e via strîmbă pe haraci,
Mi-e satul cu cîinii, mi-e bătătura,
Cenușa din brazde și arătura.
Mi-e cireada care paște pămînt,
Mi-e cîrdul de ciori din vînt,
Mi-e bivolul sculat din noroi
Cu capul greoi
Și care se uită în golul mare.

În toate inima bate și trăsare,
În pruncul tăvălit de lingoare,
În slăbănoagele lui mădulare,
În stolul de muște
Tăbărîte să-l muște.
N-am iaz curat
De adăpat.
Vitele mele-n pășuni
Rumegă tăciuni și rugăciuni.
Caut izvorul cu undele noi
Și sorb din borș de noroi
Mocirlă și zmîrc.

Mi-e inima și-n cocostîrc
Și în săgeata-i vînătă din cer,
În fierăstrăul de fier
Al mărăcinilor de pe mormintele pustiei,
În șoarecii de cîmp ai stihiei,
În viespe și în tăun.
Cîntecul nu e bun,
Cuvîntul e oftat,
Brațul tărăgănat,
Moleșită arîpa.

Mă bate vremea, mă bate ziua, mă bate clipa.

SONG ON A FLUTE

My heart's a rain-swept road,
A road with dust and sheep,
Sterile road between trees,
Vineyard skew-whiff on poles,
Village with dogs, yards,
Ash from furrows and plows.
Herd grazing the land,
Scurry of crows in the wind,
Buffalo half out of mud,
Heavy head
Gazing at great emptiness.

My heart beats and bounds in all these,
In the child racked by fever
In his frail limbs,
In the swarm of flies
Encamped to bite him.
I have no clean pond for watering.
My pastured cattle
Chew embers and prayers.
I seek the spring with new bubbles
And sip slime-borsch
From mire and swamp.

My heart's in the stork,
Blue arrow streaking sky;
In iron saw
Of brambles covering desert grave,
In primal nature's voles, wilderness mice;
In wasps and horseflies.
The song's no good,
The word is said with a sigh,
The arm delayed,
The wing's gone flabby.

Time beats me, day beats me, the moment strikes me down.

HAIDE

Dacă ochilor tăi le-ar plăcea
Nevăzutul și neștiutul, ai putea
Veni la mine, parcă,
Și te-ai lăsa primejdiei din barcă.

Și nu te-ai mai gîndi la nimic,
Nici la petecul tău de viață mic.
Nămolurile tainelor toate
Zac în mine răsturnate.
Luntrea tîrîtă de ele
Se lovește de nuferi și stele.

Într-o limbă barbară
Ți-aș spune povești dintr-o țară.
Vorbele, ca o țărînă
Din șesurile ei ți le-aș presăra pe mînă,
Și-n lacrimi se vor trezi
Apele țării dinspre miazăzi.

Ascultă: rîurile-i trec prin mine.
Le auzi tu destul de bine?
Ascultă: grăiește cucuruzul.
Pricepi creșterea lui cu auzul?

Uite-n livadă stupii,
Uite-n vifore lupii,
Uite cerbii,
Uite firul ierbii.
Vezi
Herghelii, stoluri, turme, cirezi?
Toate ale mele sînt și de mine țin,
Tot ce nu-i al meu și e strein.
Din perinile munților, la rîul lat,
Dumnezeu și-a așternut pat
Și s-a culcat.

COME ON

If your eyes liked
The unseen and unknown, you could
Probably come to me, leave the boat
And abandon yourself to danger.

And you wouldn't think of anything,
Not even your tiny life-scrap.
Muds of all secrets
Lie upside down in me.
Tugged by them the boat
Bumps into stars and water-lilies.

In a barbarous tongue
I'd tell you tales from a distant land.
I'd crumple in my hand
Words, like dust from its plains,
And in tears raise waters
Of that southward land.

Listen, its streams run through me.
You don't hear them well enough?
Listen, the corn whispers.
With your ears you understand how it grows.

Look, orchard hives;
Look, wolves in a snowstorm;
Look, stags;
Look, a blade of grass.
See,
Herds, flocks, flights.
They're all mine, belong to me.
All that's not mine is strange.
From mountain pillows, God made His bed,
And on the broad river's bank
Laid down to rest.

LOGODNĂ

Vrei tu să fii pămîntul meu
Cu semănături, cu vii, cu heleșteu,
Cu pădure, cu izvoare, cu jivini?

Vacile ne vor aduce ugerii plini
Și vor mugi la poarta noastră
De salcîmi cu floare albastră.

Nevăstuicile se vor juca în ogradă
Cu purceii și rațele, grămadă.

Puii de borangic
Vor număra meiul cu bobul mic
Și vor fugări țînțarii.

În fața prispei vor tremura arțarii
Pestriți și va cînta cocoșul.

Vom aduce florile cu coșul.
Din nuiele de răchită
Vom face împreună zestre împletită.

Și din lîna oilor,
Culcușuri pisoilor.

Vrei tu să fii grădina mea,
De iarbă-mare și de catifea?

BETROTHAL

Do you want to be my earth
With crops vineyard and ponds
Woods springs wild animals?

Cows will bring their heavy udders
And low at our gate
With its blue-flowered acacia.

Martens will play helter-skelter
In the yard with ducks and piglets.

Floss-silk chicks
Will count the millet grain by grain
And chase mosquitoes away.

Motley maples by the porch
Will tremble and rooster crow.

We'll bring flowers in a basket.
From osier switches together
We'll make wedding gifts.

From sheep's wool we'll weave
Couches for kittens.

Do you wish to be my garden
Of tall grass and velvet?

MIRELE

Pășunea mea tu să fii
Cu păpădii.
Eu să fiu boul tău alb și nevinovat
Care te-aș fi păscut și te-aș fi rumegat,
Pe înserate,
Pe copitele îngenunchiate.
În jugul brațelor tale
Aș urca greul cerurilor goale
Și munții lunii pînă-n pisc.

Am rămîne în lună, pe disc,
Să arăm văile de tibișir,
Să semănăm lămîiță și calomfir.

Culcă-mi-te trîndavă pe coarne,
Fă-te jugul meu de carne,
Stăpîna mea, frumoasă ca aurul,
De care tremură taurul.

THE BRIDEGROOM

You'll be my dandelion-
Covered pasture.
I'll be your innocent white bull
Which grazed on you and ruminated
At dusk
Kneeling.

In the yoke of your arms
I'd raise weights to empty skies
And lunar mountain peaks.

We'd stay on the moon, on a disc,
To plow chalk valleys,
Sow costmary and thyme.

Make an idle bed of my horns,
Use my flesh-yoke as you will,
My love, lovely as gold,
For whom your bull trembles.

DUREREA MEA ...

Durerea mea de vineri duminica-i mai dulce.
O gust mai mult cînd sună un clopot dintr-o turlă.
De ziua săptămînii mi-e milă şi mi-e silă.
Anu-i opac şi vremea s-a-ngroşat,
Mă cheamă ora din trecutul isprăvit
Şi nu e loc să ies din cea de-acum,
Prin funingini şi scrum.
Timpul mi-este însă scump,
Căci mi se pare că-i al meu,
În vitejie şi-n înfricoşare.
Eşti un erou? Eşti un fugar?
Omule, purtat ca o manta tîrîş,
Din şapte nasturi mai atîrnă cinci.
Doi s-au pierdut.
Unul a rămas pe munte,
Altul a căzut în rîpă.
Auzi-l ... Cade în eternitate.

MY GRIEF

My Friday's grief is sweeter on Sunday.
I taste it better when the bell-tower tolls.
I pity the weekday, it makes me sick.
The year's opaque and time's got fat.
The hour of finished past calls me,
But there's no room through ash and soot
To leave the present.
Time's still dear to me
For it seems my own
In courage and fear.
Are you a hero? A fugitive?
Hey man, dragged on all fours like a cloak.
Of seven buttons but five remain.
Two are lost.
One dropped on the mountain,
Another fell into the ravine.
Hear it . . . Falling into eternity.

MAI MULT PĂMÎNT

Duc pămînt pe tălpi
Cît cuprinde pămîntul.
Mi-am făcut opinci din şesuri,
Corăbii din talaze
Şi aripi din vînturi.
Mai multe ape clocotesc în mine
Decît în matca mării,
Mai multe stele au sclipit,
Văzduh mai mult a fugit,
Umbră mai multă a trecut
Prin pasurile sufletului
Decît printre piscuri.

Drumeţul îngheţat pe creste
A fost adus pe targă.
Încălzeşte-i mîinile, maică,
La icoane,
Luminează-l cu candela.
E bine în chilia ta,
E bine în sufletul tău.

Dă-i puţintică miere şi-o prescură,
Ţine-l o sută de ani ascuns,
S-asculte, noaptea,
Lîngă mîinile tale-mbătrînite,
Toaca blîndă de utrenii.

MORE EARTH

On their soles they carry earth,
As much as the land contains.
I made myself sandals from the plains,
Sailboats from breakers,
Wings from the wind.
More waters surge in me
Than in the sea's womb,
More stars blinked,
More air fled,
More shadow passed
Through the soul's steps
Than through mountain-peaks.

Traveler with frost-bitten head
Brought home on a stretcher.
Warm his hands, mother,
At the ikon's flame;
Light him with candles.
All's well in your cell,
In your soul.

Give him honey and a wafer.
Hide him a hundred years,
So he can listen, at night,
Near your old hands,
To the matin's soft beat.

TOT O SARICĂ

Tot o sarică mă-ncape,
Gros și slab, mare și mic.
Făcîndu-se pentru mine pitic,
M-a bătut pe umeri Dumnezeu
Cu mîna lui femeiască.
Tu ești? m-a întrebat; te cunosc.
Nu am știut răspunde.
Eu eram? eu nu eram?
Cum putea să mă cunoască?
Mă cunoști, Doamne, din vie,
Din lume, din farmece, din schit?

O să-mi spuie altădată, Dumnezeu,
În ceasurile mici din amurg,
Cînd vom vorbi în patru ochi.

Dar cînd voi pleca într-acolo
Pot să iau cu mine
O carte groasă
Și cîinele de-acasă?

ONLY A MANTLE

Only a mantle fits me,
Fat or thin, big or small.
Dwarfing himself for me,
God tapped my shoulder
With his woman's hand.
Is that you? He asked me. I don't know you.
I didn't know what to say.
Was that really me?
How could he know me?
Do you know me, Lord, from the vineyard,
From people, charms, hermitage?

God will tell me some other time,
In the small hours of dusk
When we speak face to face.

But when I go over there
Can I take
A thick book
And the dogs from home?

SINGURE VIN

Singure vin lucrurile din trecut,
Duhul lucrurilor fără fiinţă, fără umbră.
Vin din buruienile vremii,
Din catifeaua putregaiului,
Din iasca lui, din pluta scorburoasă,
Însoţite de zboruri de libelule.
Tristeţile de demult,
Dintr-alte vieţi ale vieţii.
Unele mă ştiu, altele m-au uitat,
Mi-e frig . . .

Cum o chema nu mi-a spus.
Am văzut-o de sus
Încă o dată.
De două ori o am văzut,
Înstrăinată.
O dată, la fîntîna Samaritencii,
O dată, pe stradă, subt umbrelă.
Nu mai e fata zveltă cu doniţa pe umăr.
E un lucru, amestecat
Cu lucrurile fără umbră.

ALONE THEY COME

Alone they come, things from the past,
The spirit of things without being, without shadow.
They come from time's weeds,
The velvet of rot,
From its tinder, hollowed poplar,
Accompanied by swarms of dragonflies,
Long-ago sorrows,
Other lives of life.
Some know me, others have forgotten.
I'm cold.

What her name was she never said.
I saw her from above
Once more.
Twice I saw her
Estranged.
Once at a well of the Samaritan women,
Once on a street, under an umbrella.
She's no longer the lovely girl carrying pails.
She's a thing, mixed with things
Without shadow.

DORMI?

Dormi, sufletul meu? te-ai culcat?
Plouă și singur mi s-a urît.
Vreau să nu te supăr.
Te-am văzut citind la lampă
Și n-am băgat de seamă
Cînd ai închis oblonul din grădină,
Tărcat cu dungi egale de lumină.

Am bătut încet în fereastră
Și iar am bătut, mai tare,
Și am intrat în încăperea ta.
Curată rînduială!
Cartea sta deschisă la pagina albă:
Toate paginile cărții erau albe.
Ce citeai tu într-o carte fără slove?

Patul era nedesfăcut.
Cearșaful nou, perina proaspătă.
Unde ai plecat?
Unde umbli noaptea singuratec?
Încălțămintea ți-este neatinsă.
Nu e gunoi la tine.
Te-mbraci cu cămașă de piatră
Și te încingi cu funie de-argint.
Tu n-ai nici sudoare,
Nici praf, nici scuipat.

Un ac îmi înglodește inima străpunsă,
Medicule fără de prihană.
Sau e un cui de la Crucificat
Sau un ghimpe din cununa lui.
Vindecă-mă, suflete.
Vin-acasă, suflete.
Adu leacuri, suflete.

ARE YOU SLEEPING?

Are you sleeping, my soul? Are you in bed?
It's raining and I'm alone. I'm nervous.
I don't want to annoy you.
I saw you reading under the lamp
And didn't notice
When you closed the garden shutter
Striped with equal bars of light.

I knocked softly at the window,
And I knocked again, louder.
Everything in place!
The book stood open at a blank page:
All the pages of the book were blank.
What were you reading
In a wordless book?

The bed hadn't been slept in.
New sheets, fresh pillow.
Where have you gone?
Where are you going at night, alone?
Your shoes are untouched,
No trace of mud.

You wore a stone shirt.
Buckle yourself with silver belts.
You don't even sweat,
Or pick up dust, or spit.

Immaculate healer, a needle snags in my pierced breast.
Perhaps it's a nail from the cross or a thorn from His crown.
Heal me, my soul,
Come home, my soul,
Bringing a cure.

CUVINTE STRICATE

Toate
Cuvintele mele sînt întortochiate
Și s-au îmbătat.
Le vezi? Au căzut, s-au sculat.
Au vrut să alerge și să joace,
Dar beția le-a prăvălit încoace.
Nu mai știu ce spun și îs
Bolnave de rîs.

S-au stricat cuvintele mele!
Umblă prin mocirlă cu stele
De cositor
După un mărțișor,
Și-ar voi să culeagă roade
Fîstîcite și neroade
Din sălcii nici verzi.

Cuvintele să nu mi le mai dezmierzi,
Să nu le mai spuie agale
Buzele tale,
Să nu le mai cînte cumva
Vocea ta
Și pe coleză deștele.

Hulește-le!

SPOILT WORDS

All my words
Are twisted and drunk.
Do you see them? They fell, got up,
Wanted to run and play
But drink felled them again.
They no longer know what they say
And they're sick with laughing.

My words are spoilt!
They pass through swamps
Under tin stars
Looking for March gifts,
And they'd like to gather
Foolish muddled fruit
From willows not yet green.

Don't pamper my words,
Don't let your lips
Speak them idly,
Don't let your voice
Sing them anyhow
With fingers on a lute.

MAICA SCINTILA

Mîna Maicii Scintila de la uşe
Îi moale ca o mînuşe.
Ochii lungi ai Cuvioşiei Sale,
Ca nişte migdale,
Cu pleoapele apropiate
Dorm pe jumătate.
Sîngele candelei obrazului e de undelemn.
O Madonă de majolică. Un crucifix de lemn.
Un surîs de înger întristat
A trecut, i-a zburat
Ca o columbă, pe dinainte.
Pasul, nesimţit în veştminte,
Vrea tot mai încet să o ducă,
Imaterial şi lin, de nălucă.

Florile şi fluturii au rămas într-un vis
De stingere în aghiesmele din Paradis.
Nimic nu mai luceşte şi cîntă.
De dincolo de zarea sfîntă
Se-aude-abia corul cetelor sfinte
Cu peruci de aur şi cu încălţăminte
Uşoară de catifea stelară.

Maica Scintila înghiaţă
La uşa şcolii de o viaţă,
Descuie şi încuie, deschide şi închide
Cu chei palide şi livide.
Cunoaşte toate domnişoarele mititele
Care poartă pe Hristos între mărgele,
Şi pe cele care s-au măritat,
Cu diplomă şi certificat.
Maica mai descuie uşa din coridor
Fetelor fetiţelor.
Maică tristă, maică suavă,
Eşti bolnavă
De seninătate şi slavă.

MOTHER SCINTILA

Mother Scintila's hand on the door,
Soft as a glove;
Long almond eyes of
Her Blessedness,
Eyelids converging
Half asleep.
Corn-oil blood of candle cheek.
Saddened angel smile
Passed across her cheek, fluttered
Like a dove, inside.
Her step, unheard beneath robes,
Tries to tread softer,
Immaterial, gentle, ghostlike.

Flowers and butterflies in a dream
Of extinction in holy waters from Paradise.
Nothing shines or sings any more
Beyond the sacred horizon.
You hardly hear the saintly chorus
With gold wigs and shoes
Light as star velvet.

Mother Scintila's been
At the schooldoor a lifetime;
Locks and unlocks, opens and closes
With pale livid keys.
She knows all the tiny girls
Carrying Christ in their beads,
And those who married
With diploma and certificate.
Mother Scintila still opens doors
For those little girls' daughters.
Sad mother, sweet mother,
You're sick
With serenity and praise.

CÎNTEC DE BOALĂ

Domnul, Dumnezeul mare
Mi-a umplut două pahare
Din cerescul lui rachiu
Scos din lună cu burghiu.
Și-n fiecare pahar
A lăsat și-un drob de har.

Amîndouă-s ale tale,
Zise Domnul, ia-le, bea-le.

După ce m-a-mpărtășit,
Insul mi s-a risipit.
L-am pierdut jurîmprejur,
Ca o ceață dintr-un ciur.
Și-am rămas pribeag în boare,
Ca un miros fără floare,
Al căreia lemn uscat
Rădăcina și-a uitat.
Ca un foc fără cărbune.
Ca un fum fără tăciune.

Sfintele sale potire
Au intrat în clocotire.
Sufletul îmi umblă beat
Pe subt veac și peste leat.
Și de sfînta băutură
Mă ia cu frig și căldură.
Carnea n-ar fi mai bolnavă
Dac-aș fi băut otravă.

Încerc sufletul să-l mint
Că boala nu mi-e de-argint.
Beteșugul, în zadar,
Că nu-mi vine de la har.
Dar un leac întotdeauna
I-l aduce noaptea luna,
Și cînd lună-n ceruri nu e
Geme ca străpuns de cuie.

SICK SONG

The Lord
Filled both my glasses
With heavenly brandy
Drawn from the moon with a gimlet.
In each glass he
Left a shiver of grace.
Both are yours, said the Lord,
Take them and drink.

I took communion
And my being was scattered.
I lost it somewhere hereabouts
Like mist in a sieve.
I remained a wanderer in the breeze,
A scent without a flower,
Whose dry wood
The root has long forgot;
Fire without coal,
Smoke without embers.

His holy chalices
Bubbled.
My soul wandered drunk
Beyond time or remedy.
I'm hot and cold
With holy liquor.
My flesh couldn't be sicker
If I'd swallowed poison.

I try lying to my soul:
My sickness is not of silver.
Useless affliction
Doesn't come from grace.
The moon at night
Always brings him salve,
But when she's nowhere to be seen
It groans as if jabbed with a nail.

Din ce văd, cu jurămînt,
Boala-i de la Duhul Sfînt,
Și nu mi-e milă măcar,
De nu de mine, de har.

From which I can honestly say
The sickness is from heaven,
And I don't even pity myself
Nor my God-given talent.

IV

From ONE HUNDRED AND ONE POEMS
(UNA SUTĂ UNA POEME)

ZIUA CENUȘIE

Ziua cenușie, vînătă și tristă,
Își cocoloșește soarele-n batistă.

Printre canavaua cețurilor, sură,
Plopii de frînghie-s prinși în țesătură.

Roiuri, porumbieii: vreo cîteva sute
De scrisori și plicuri albe, desfăcute.

Negura urzește, molcomă și mută,
Noaptea nentreruptă, nemaiîncepută.

Hornurile toate dau puțină ceață,
Cîlți cîte-o fărîmă și țigaie creață.

Soarele rămîne spînzurat: un bumb.
Zi crochiu. Estompă și condei de plumb.

ASH DAY

Ash day, sad pale day,
Crumples the sun in its handkerchief.

Through the steam's gray canvas
Rope poplars caught in the fabric.

Swarms, pigeons, two hundred or more,
Letters and envelopes opened flat.

Darkness warps, silent soft,
Uninterrupted, never-begun night.

All the chimneys breathe smoke-wisps,
Oakum crumbs and frizzy sheep.

The sun hangs like a button.
Day sketch. Blurs even the brush of lead.

CĂTUNUL

Cătunal s-a mutat tiptil, din zare,
În cimitirul lui, mai mare.
Ce s-a născut, pe rînd s-a și-ngropat
Și crucile-au intrat în sat,
Viori de lemn
Încremenite într-un semn.
Și au ieșit din sat pînă departe,
Lăsîndu-i drumurile moarte.

Ia seama bine, dacă treci,
La încîlcitele și vechile poteci.
Să nu te-mpiedici de ciulini.
Morții-s acolo, ca-n cătun, vecini.

Tîrît în ploaie de ciubote grele,
Drumețul, noaptea, poate să se-nșele
Și, încercînd cîrligul pus la porți,
Să ceară găzduire de la morți.

VILLAGE

The village crept from the horizon
To its greater cemetery.
The born have been buried
And the crosses entered the village,
Wood violins
Dumbfounded in a sign.
They went far from the village,
Leaving its roads dead.

Be careful not to stumble
Over thistles should you pass
By tangled ancient paths.
The dead are there, neighbors, as in the village.

Stumbling in heavy-boots rain
The traveler can be tricked at night
And trying the latch at the gates
May seek shelter from the dead.

OGOR PUSTIU

Ogor pustiu și neumblat.
S-a tot risipit, s-a tot adunat.

Luna-i într-un coș de vatră veche
Și soarele-aninat de o ureche,
Cofă de lut, atîrnă de-o prăjină,
Mînjit cu zmalțuri ce-ar fi fost lumină.

Uscate stele, pe coceni și ostrețe,
Încep de Slăvi și cer să se dezvețe.

Buruieni de scamă și otreapă.
Muntele-i strîmb. Țărina crapă.
Cenușe, funingini și zgură.
Mucegai și mălură.

Un sobor de vlădici, la matca-ncleită,
S-a făcut buturugi de răchită.
A trecut, undeva, și oaste:
Ies din țărînă sulițí, coifuri și coaste.
Valuri de cîrpă
Se răstoarnă cîmpul, cu scîrbă.

O harfă și o vioară,
Cu strunele de sfoară,
Zac în sînge și noroi.

O singură jivină, gogoloi.
Ca un arici, ca un pește,
Pitulată, se rostogolește.

Și un coșciug, spînzură-n văzduh:
Al Tatălui, al Fiului și-al Sfîntului Duh.

FORSAKEN FIELD

Forsaken field, untrodden.
Continually scattered, gathered up.

The moon lies in an old hearth's basket
And the sun hangs from an ear,
A clay pail from a pole,
Smeared with enamel that might be light.

Withered stars, on stalks and fences,
Begin by praising, beg to break the habit.

Weeds of lint and rag.
The mountain's twisted, the plowed field cracks.
Mildew and blight.
Ashes, soot, and slag.

Synod of bishops
By a dry riverbed
Became osier-stumps.
An army passed by somewhere too:
From earth appear spears helmets ribs.

Rag waves
Field capsizes with loathing.
Harp and violin
With cord strings
In blood and mud.

A single beast, tight as a ball,
Like hedgehog, fish,
Lying low, turning somersaults.

A coffin hangs in the air:
In the name of the Father, the Son, and the Holy Ghost.

PĂRETELE DE VAR

Păretele de var, de lîngă pat,
Cu zugrăveli și semne s-a-mbrăcat.
Rîuri de ochi și brîie lungi, de pleoape,
Tremură-n zid ca unda unei ape—
Și unii ochi din stoluri s-au ales,
Orînduiți cu feluri de-nțeles.

Cînd împrejur au început să zboare
Semnele-mi par familiare
Și, scrise deslușit, ies dintr-un sul
Golul pătrat, numărul sterp și sensul nul.

Căutătura teafără și tare
Mi-a pus din tencuieli o întrebare,
Cea prinsă de un vis a tresărit.
Pleoapele, frunze, cad în asfințit.

Doi ochi mocnesc scînteia-n neființă
Și mă scrutează bezna lor cu stăruință.

WHITEWASHED WALLS

Whitewashed walls near the bed,
Dressed in paintings and signs.
Rivers of eyes and long eyelid belts
Tremble on walls like a wave—
And some bird-eyes have been chosen,
Arranged according to meaning.

When the signs began to fly around
They seemed to know them
And, written plainly, from a wall appear
A square void, sterile number and null sense.

Their gaze, healthy and strong,
Raised a question from the plaster,
And the one dragged from dream gave a jump.
Eyelids, leaves fall from the sunset.

Two eyes smolder a dead spark
And their darkness watches me steadily.

SPUZĂ FIERBINTE

Spuză fierbinte, drumul fierbinte.
Cîmpie de oseminte.

Mi-e ca o coajă de pîine arsă gura,
Şi balele-s ca saramura.

Limba mi-i ca piatra de ascuțit coasa.
S-au lăsat pe mine păreții, bîrnele, şi toată casa
Se strînge coşciug.

Mă frînge un zăvor, mă rupe un belciug.
Am în gîtlej lacăte sparte.
Un lanț m-a-ncolăcit cu zale moarte.

Ai văzut luna,
Nebuna?
A intrat pe furiş
În trestie şi păpuriş.
Seceră de-a valma rogoz, şerpi şi broaşte.

Pe la ferestre trece chivotul stelelor cu sfintele moaşte.

Vine otravă cu sînge, pe moară.
Nu bea mocirla murdară!

HOT ASHES

Hot ashes, scorched road.
Flatland of bones.

Mouth a slice of burnt bread,
Spit sharp as brine pickle.

My tongue a whetstone.
Floors, joints lean on me, the whole house
Presses in like a coffin.

Bolt-smashed, hook-torn,
I've broken locks in my throat.
A chain winds me in dead links.

Did you see the
Mad moon?
It slyly entered
Rush and reed.
In one fell sweep scything
Snakes frogs and sedge.

Across windows the starry shrine
Parades its holy relics.

Poison comes with blood. Mill-rush.
Don't drink the filthy slime.

BIVOLUL DE JAR

Bivolul cu coarne de jar
Paște spini, pulbere și lut,
Și lasă scrum și pojar
Pe unde-a păscut și-a șezut.

Pe biserica mare
S-a ridicat ca o capră, în două picioare.
Noapte: năvală și pîclă de noroade.
Îi linge turla și-o roade.

A mușcat din aramă și-a supt.
Scrîșnit, clopotul a sunat și s-a rupt.

De-o sută de zile
Îi pîlpîie ochii a fum de feștile
Și-mi dă, cu moartea călare pe bivol, tîrcoale.
Brațul e gîngav și vlaga e moale.

Vai! apa s-a fiert în urcioare.
Tînjesc să o sorb din izvoare.
Mi-aș vrea palmile, tălpile, reci,
Proaspătă iarbă, crăițe-n poteci.

Icoana singură surîde ca o păpușe.

A bătut cineva la ușe?

BUFFALO OF EMBERS

Buffalo with ember horns
Grazes dust thorns and clay,
Leaving ashes and measles
Where it lay and chewed.

On the tall church
It rose on hind legs like a goat.
Night—invasion, volcanic hoards.
It licks and gnaws the steeple.

It chewed and sucked the bronze.
Teeth grinding. The bell rang once and broke.

A hundred days
The church's eyes smoked like a wick
And it moves around me, death astride the buffalo.
Stuttering arm, my strength sapped.

Well now, the water's boiled in the pitchers.
I long to sip from its source.
I want fresh grass, path-strewn marigolds
For my cold palms and soles.

The ikon smiled like a doll.

Did someone knock at the door?

S-A CULCAT O FIARĂ

S-a culcat peste mine o fiară
Fără picioare, cu coarnele arse.
Alergase lanurile de secară,
Și zidul cu nările-l sparse,
Buturugă de tăciune.

Aș voi cu o rugăciune
Să chem din cer, să vie careva,
Cu suliță grea,
Și s-o alunge-n bezna mare.
Atît îți cer, Doamne, nițică răcoare.

Fiara și-a potrivit
Ochiul aprins și zgîit
În ochiul meu, de care-și freacă pleoapa.

Nu pot să strig, de lanțuri și cătușe.
Da? Maica Domnului a încercat laușe?
Aduce lingura cu doftorie.
Intră! Dumneata ești, Fecioară Marie?

A WILD BEAST LAY ON ME

A wild beast lay on me
Legless, burnt horns.
It had run fields of rye
And breached the wall with its nostrils,
Ember stump.

With a prayer I want
To summon from the sky
Someone with a heavy spear
To drive it into the gloom.
That's all I ask, Lord, something cool.

The beast matched
Its hot bulging eyes with mine,
Then scratched its eyelid.

I can't shout, with links and chains.
Yes? Was that God's mother trying the door,
Bringing medicines on a spoon?

Come in! Is that you,
Virgin Mary?

COPILĂ

Copilă, copilă,
Mi-e mîhnire și milă.
Grivei, plînge și el.
Lacrimile noastre sînt la fel.

I s-a urît și lui cu lacrimile mute.
Un gînd i-a spus: așteaptă. Alt gînd îi spune: du-te.

Îi este dor, ca nouă,
De făgăduielile-amîndouă.
Îl cotropește ceața, ca pe fiecare.
Seceră, poate, și-n el semnul de-ntrebare.

Flămînde sînteți de altă pîine,
Lacrimi de om și lacrimi de cîine.

Ce e, Grivei?
Ce-i, moșule? Ce vrei?

Glasul, ca o bătaie de aramă,
Ți s-a-ncetinat și se destramă
Și latră-nnăbușit de noapte
Sfaturi și șoapte.

A stat cu mine-n bătătură o viață,
El într-o ceață, eu într-altă ceață.
Copilă,
Mi-e mîhnire și milă.
Tovarăși, prieteni, vecini,
Dar singuratici, dar streini.

Un òstrov fără luntre fiecare,
Ostroave-n bălți, în depărtare,
Zărite-n ochii tăi, în ochii ei . . .

Îmbătrînim, Grivei.

LITTLE GIRL

Little girl, little girl,
I pity and sorrow.
Grivei also weeps.
Our tears are the same.

He's bored with mute tears.
One thought tells him to wait,
Another to leave.

He longs for both promises.
So do we.
Mist overtakes him, as it does everyone.
Perhaps reaps in him a question-mark.

You're starving for other bread,
Tears of man, tears of dog.

What is it, Grivei?
What's up, old friend, what do you want?

Your voice, like hammered copper,
Has slown down, thinned out.
And, choked by night, barks,
Counsel and sighs.

He stayed with me a lifetime in the yard,
He in one mist, I in another.
Little girl,
I pity and sorrow.
Comrades, friends, neighbors,
We're lonely, alien.

An island without boats,
Islands in swamps, in the distance,
Glimpsed in your eyes, in hers ...

We're growing old, Grivei.

MĂRTURIE PE VIOARĂ ŞI ARCUŞ

Sufletul mi-e un leagăn de păpuşi,
Un căluşel de leagăne-nvîrtite
În valsul unei muzici pe şoptite.

Zăresc cîte-o ureche şi-un obraz
Din scoicile-aşternute cu atlaz
Şi prinse una de-alta-n fuga lor
Cu lanţul cîte unui mărţişor.

Călătorind vîrtejul de scufiţe,
Le flutură perucile, şuviţe,
Şi ochii teferi, de safir rotund,
Clipesc din fugă şi se-ascund.

Caii de lemn, cît nişte cărăbuşi,
Sînt înhămaţi, perechi, între păpuşi.
Ar necheza-nvîrtindu-se la lună,
Dar glasul şi gîtlejul nu le sună.

Un stol de fluturi de sulfină
De vîntul scrînciobului se anină
Şi rîd, în vîntul ce le ia
Din geamul meu şi de subt lampa mea.

Nu turbura cu nici o întrebare
Tăcuta mea înseninare.
Surîsul meu, la zodii şi la stele,
Ai înţeles că vine de la ele.

TESTIMONY ON FIDDLE AND BOW

My spirit's a doll's cradle,
A whirligig of swings
In a waltz of whispered music.

I glimpse a cheek and ear
Of shells lined with Indian satin
Caught by each other in their flight
On the chain of some March gift.

Riding, whirlwind of children's hoods,
Wigs, locks of hair flutter,
And bright eyes, sapphire-round,
Wink in flight and hide.

Wooden horses, like cockchafers,
Harnessed in pairs among dolls.
They'd neigh twisting under the moon
But voice and throat make no noise.

Butterfly bevies of melilot
Caught by a turn in the breeze
Laugh in the wind that carries them
From my window, under my lamp.

Don't disturb my cheerful silence
With a question.
You thought my smile was from stars:
It was *to* them.

CREZI BASMUL ...

Crezi basmul c-a sfîrșit și s-a pierdut
Și el de-abia-i la început ...

Cînd seceta mai stearpă ți se pare
Atuncea podidește izvorul tău mai tare
Și albia, uscată ca un drumeac de țară,
A izbucnit o dată și dă pe dinafară.
Aseară ți-era pana din călimară seacă.
Șuvoiul azi o-nneacă.
Minunile se iscă din peșterile pline
Nainte să ajungă izvoarele la tine.

Tu înnădind povești după povești
Grije să n-ai că o să isprăvești.
Rămîne orișicînd răzleț un fir
Din cusătura unui trandafir.
Dacă și cade mîna la țesut,
O mînă nouă firul îl ia, unde-a căzut.
În iia străbunichii, se împlinise veacul;
Pe-o floare întreruptă mai sta înfipt și acul.
Întorci un fir prin fire, de beteală,
Și altă față iese din urzeală,
Izvoade noi, din două, trei vopsele,
Și n-a putut nici veacul să le spele.

Eu le-am întors și le-am tot fost sucit,
Pînă ce s-au fărămițit.

Povestea mare mi-am făcut-o mică.
Am deșertat tăria cu-o ulcică.
Din Calea Robilor am luat prundiș
Suind în cer cărarea pe furiș.
Spinarea îmi rămase mînjită de făină,
Cărînd în saci pe umeri țărînă de lumină.

YOU BELIEVE THE TALE

You believe the tale that is done and gone
And yet is hardly begun.

When you think the drought's at its height
Let your strongest spring flow,
And the riverbed, dry as a track,
Bursts out once and breaks its banks.
Last night ink dried in your pen.
Today the torrent drowns it.
Marvels appear from brimming caverns
Before spring-waters reach you.

Patching together tale after tale,
Don't worry about running dry.
A loose thread always remains
In a rose's seam.
If your hand slips from the cloth
A new hand picks up the thread where it was dropped.

Great-grandmother's embroidered blouse
Fulfilled a whole epoch;
Her needle still pushes an interrupted flower.
Reverse the gold thread
And another side appears from the cloth,
New patterns in two or three dyes
Which not even the century could wash out.

I reversed them and still I felt strange
Till they crumbled away.
I cut my tale short.
I scooped heaven with a pitcher.
From the Milky Way I took gravel
Slyly raising a path to the sky,
My back still dirty with flour
From humping stardust in sacks.

Și le-am întors poveștile-ndărăt . . .
Și numai ca să-ți mai arăt
Că din scîntei sleite și surcele
Poți întocmi din nou un cer cu stele.
S-a spart oglinda și-am suflat-o-n foc
Și s-au făcut oglinzile la loc.

Din ceruri cade o paiață.
Păianjenul de catifea, se-agață
De o lumină leneșe, de ață.

Și stă-n văzduh, cu luna față-n față.

And I turned the tales back to front . . .
Only to show once again
That from frozen sparks and chips
You can create a starred sky.
The mirror broke and I blew up the fire;
Mirrors were made on the spot.

A clown fell from the skies.
The velvet spider hangs
By a thread of lazy light.

And stays in the air, face to face with the moon.

CÎNTEC DE FAUR

Ce ți-i moșule, ce vrei,
Că scuipi în cărbunii mei?
Te-am oprit, din vatra mea,
Să iei jar pentru lulea?
Vinovat îs, la țigare,
Că ți-ai fript unghia mare
Și că-n vîlvătaia creață
Ți-a luat foc și o musteață?
Te-am băgat în fum cu nasul,
Că nu-ți mai trecu necazul?

Moșule, țigan hain,
Ești o ploscă de venin,
Și-unde tu-ți apeși piciorul
Lași duhoare, ca dihòrul,
Și, ca melcul, lasă bale
Podul palmelor matale.
Ai mînjit
Cînd ai iubit
Și împuți
Dacă săruți.
În văpaia dimineții
Faci otravă ca bureții.
Dumnezeu te-a blestemat
Să fii sterp și îngîmfat,
De nimic să nu ai parte,
Nici de viață, nici de moarte.

BLACKSMITH'S SONG

What's up, old timer, what do you want
Spitting in my coals?
Did I stop you getting a light
For your pipe at my forge?
Is it my fault you broke your thumbnail
Lighting your cigarette
And in the spurt of flame
Your moustache caught fire?
Did I shove your nose into the smoke
Because you were still miffed?
Old man, you wicked old gypsy,
You're a gourd of venom,
Wherever you sink your foot
You leave a polecat stench
And, like the snail, the palm
Of your hands is covered in slime.
You soil your lover
And stink when you kiss.
In morning's glow
You make poison like fungus.
God cursed you
To be sterile and arrogant.
May you share in nothing,
Neither life nor death.

Pui altoi:
Iese puroi.
Semeni floare:
Parcă uzi cu apă tare.
Vița ta dă agurida.
Pomul viespe și omidă.
Săpi un puț și apa seacă,
Nalți o cruce, face cracă.
Fierăstrăul ți-l încerci:
Mucegai tai și ciuperci.
Vreai să dai și tu pomană:
Crapă-n două o icoană.

Slavă Domnului, făcuși
Totdeauna tot ce vruși.
Unde-mi bat undrelele
Ți-ai uscat obielele,
Unde-ascut săgețile
Tu-ți piepteni mustețile.

Scoabe, lacăte, țîțîni,
Eu le fac și tu mă-ngîni.
Fac belciuge, vrei verigi
Și mă ții de rău și strigi.
De fac săbii, tu vrei teci.
De fac una, vrei cincizeci.
Fac o teacă, vrei o spadă.
Fac un vîrf, ai vrea o coadă.
Fac tăiș, tu-l vrei știrbit,
Vrei fier bont, nu vrei cuțit.

Măre moșule Cutare,
Vatra mea nu-i scuipătoare,
Și de scuipi în jar aprins
Crezi cumva că l-ai și stins?

You make a graft,
Out comes pus.
You sow flowers:
Seems you water with nitric acid.
Your vine bears sour fruit,
Your fruit-trees wasps and caterpillars.
You dig a well, the water dries up;
Raise a cross, it comes crashing down.
You try out your saw:
Cut mold and toadstools.
You too want to give alms—
An ikon splits in two.

Praise the Lord, you always
Did what you wanted.
Where my sack-needles click
Your footwrap has dried.
Where I sharpen arrows
You comb your moustache.
Chisels, locks, hinges,
I make, you mimic.
I shape hooks, you want chains,
Call me a rat and scream your head off.
If I make sabers, you want scabbards.
If I make one, you want fifty.
If I make a sheath, you want a sword.
I make a point, you want a handle.
I hone the edge, you want it jagged.
You want blunt steel, not a knife.

Listen Whatsyername,
My hearth's not a spittoon,
And if you spit on glowing coals
You really think you can put them out?

UITE-L, VINE

Uite-l, vine Bulibașa.
În ițari și-a strîns cămașa
Și cu brîul pîntecele.
Vrea să-mi curme cîntecele,
Cu o ceată de golani,
Pe tutun și gologani.
Am și eu un biet păcat:
Cînt, potcoava cînd o bat,
Ca să iasă, iarnă, vară,
La copite mai ușoară.

Mîna-mi spînzură în jos,
Răzimată, pe baros,
Și luleaua-n gură rîde.
Bulibașa-i neam de gîde
Și golanii, ajutoare,
Chibzuiesc să mă doboare.

Cinci cuțite dau să-mpungă,
Țîța fără să-mi ajungă.
Fiecare se repede,
Dînd cu nasul de perete.
Bulibașa nimerește
Cu gingia drept în clește
Și-un țigan în pielea goală
Și-a spart gura-n nicovală.

Dar s-au prins a se-nțelege
Că-i mai bine să mă lege,
Să-mi reteze beregata.

Sînt legat în lanțuri, gata,
Dar mă-ntind nițel, din trup
Și le rup.

Ei, mișei și păgubași,
Dau napoi cu cîțiva pași.

LOOK, BULIBAŞA'S COMING

Look, Bulibaşa's coming!
In homespun pants, shirt and paunch
Gathered in with a belt.
He wants to stop my singing
With his crew of ruffians
Paid in baccy and cash.
I too have a sin to confess:
When I'm shoeing I chant that—
Come winter come summer—
The shoe comes off at a blow.
My hand hangs down,
Resting on the sledgehammer,
Pipe laughing in my mouth.
Bulibaşa comes from a race of butchers,
And his henchmen, just to help out,
Plan to do me in.
Five knives flash by
Without even grazing a nipple.
Each one rushes to
Bang the wall with his nose.
Bulibaşa gets the irons
Right in his gummy kisser,
While a gypsy in birthday suit
Cracks his mouth on the anvil.

Then it dawned on them—
Better tie me up
Before slitting my throat.

Bound, I'm ready for the slaughter,
But I flex my body a bit
And break free.

Cowards, all-time losers,
They give ground a few paces.

Eu le fac o zicătoare:
Mă, cuțitul nu mă doare.
Cînd ai pus în brîu cuțit
Ori te lași, ori e-ascuțit.

Lanțul lui—de-a surda strigă—
E de plumb de mămăligă.

Să fi fost țigani vreo zece.
I-am gonit cu apă rece.

I tell them this adage:
When you carry a knife in your belt
Keep it sharp to make it felt.

His chain's only made of mush,
King Bully eggs them on!

There may have been ten gypsies in all.
I ran them off with cold water.

NU-NȚELEGEAM

Nu-nțelegeam ce se gîndeau să spuie,
Cercînd zaplazul cît e prins în cuie
Și mult mirați că poarta n-are
Zăvoare și încuietoare.
—«Așa ne-am pomenit. Bătrînii mei
N-au prea umblat cu lacăte și chei,
Deprinși, cum se obișnuise,
Cu porțile și ușile deschise
Și la biserică și casă.
Drumețul intră, poarta mea îl lasă,
Se hodinește sau se-nchină,
Și pleacă mulțumit, cu traista plină.»

Ei au mai zis pe păsărește:
—«Cine vă apără și vă păzește?»

—«Nouă ne-a stat întotdeauna paza
Celui ce face noaptea și amiaza
Și cugetul curat.
Cetățile, un vînt le-a măturat,
Și zidurile mari și întărite
Se fac tărîțe-n vînt. Pe nesimțite,
Un duh al gîndului le scurmă.
Au fost cetăți și n-a rămas o urmă.
Puterea inimii vă doare,
Căci decît cremenea-i mai tare.
De mii de ani eu mă păstrez
Fără cetăți și fără meterez.
Sînt alt soi de bărbat:
Eu am bătut și fără să mă bat.
Cu zîmbetul și așteptarea
Am strîns acasă toată zarea
Și se va-ntoarce înc-o dată
Și cîtă-a mai rămas înstreinată.
În fieștece țarină străină,
Am bulgări tari de jar și de lumină.

I DIDN'T UNDERSTAND

I didn't understand what was on their mind,
Testing the fence to see how well-secured it was,
Really amazed it hadn't
Bolts or locks.
"That's how we've always been. Our ancestors
Never thought of locks and keys.
They were used to open door and gates
In church or home.
The traveler enters to rest or pray.
My door's never shut.
Knapsack full, he leaves satisfied."

Then they chirrupped:
"Who defends you, keeps watch?"

We've always been guarded
By the maker of day and night
And clean thoughts.
A wind sweeps the citadels clean.
Immense walls crumble to dust, imperceptibly
Scraped by the spirit of thought.
Fortresses once, now not a trace remains.
Strength of mind hurts you
For it's stronger than flint.
A thousand years I've preserved myself
Without citadel ramparts.
I'm a different sort of man:
I've always won without fighting.
With smiles, by dint of waiting,
I've stored at home the entire horizon
And what now remains estranged
Will one day be returned.
In every alien land
I've heavy lumps of light and fire.

Străinii nu pot să le are,
Că plugul nu răzbește prin vîlvoare
Și se fac scrum și vitele și plugul.
Cenușa li-e cîștigul, funinginea belșugul.»

Foreigners fail to till them
For the plow won't cross the blaze
And team and all are burnt to ash.
Ash is their profit, soot their wealth.

ÎNTR-UN JUDEȚ

Într-un județ de miazănoapte,
Din sat în sat, din zvon, din șoapte,
Se știe că și-au rupt genunchii,
Pînă la groapă, tații, frații, unchii,
Și verii, și cumnații, și nepoții.
Toți au murit, cu toții.
Nu mai e bun nici un bărbat
În nici un sat.
Vre un unchiaș, ici-colea, un nebun,
Mai șchioapătă-n vre un cătun,
Cotrobăind pe drumuri, pe șosele,
După coceni, după surcele,
Domniță și duduie.
El ar mînca și balegă, și nu e.
Cîinii schilozi așteaptă-n drum,
Scămoși în ceața ca de fum,
Să vie-acasă cine nu mai vine.
Și ține vîntul și războiul ține!
Dar nu e voie de-asta
Să stea de vorbă maica, surorile, nevasta,
Și nu e voie nici să te gîndești,
Că ori iscoadă ori vîndut ești.
Domnii cu căși de geam, din București,
Sînt bucuroși, pe un' te duci,
Că țara s-a umplut de cruci.

IN A NORTHERN DISTRICT

In a Northern district,
From village to village, rumor
Sighs have it they tore their knees
En route to the grave, fathers, brothers,
Uncles, cousins, grandsons.
All dead every one.
Not a man good for anything
In a single village.
A graybeard or two, a madman here and there,
Limp through hamlets.
Scavenging streets, highways,
For cabbage-heads, wood-chips,
Princess and young lady.
He'd eat dung but there is none.
Maimed dogs wait in the road,
In the mist scraggy as smoke,
For those who'll never come.
And the wind keeps up, the war goes on.
But mother sisters wife are not allowed
To talk about things like this.
If you think for yourself
You're a spy or turned in.
The lords of Bucharest in their houses of glass
Are glad the country's filled with crosses
Wherever you go.

ÎN SATELE ŞI VĂILE

În satele şi văile din Jii,
Numai schilozi, numai muieri, numai copii
Împleticiţi în ceaţă.
Carnea pe ei e vînătă şi creaţă,
Şi osul se strávede-n piele.
Dau braţele de glezne, picioarele sînt grele.
Strigoii ăştia mici, de ţară,
Parc-ar voi să sară
Şi s-ar sfii să calce pe pămînt,
Ca de mormînt,
La fiecare cotitură.
Nici nu se plîng şi nici nu-njură.
Atîta carne bună le-a rămas,
Cît buba rea, de la urechi la nas.

IN VILLAGES AND VALLEYS

In the villages and valleys of Jiu,
Only the maimed, only wives and children
Totter through the mist.
Their flesh blue-white and hanging,
Bones that jut beneath skin.
They show arms like ankles, their legs hang heavy.
These little country ghosts
Seem to want to jump
Yet shrink from treading earth,
Tomblike at every turn.
They don't weep or curse.
Their only good flesh, big as a swelling,
Runs in a ridge from nose to ear.

DRUMU-I LUNG

Drumu-i lung din Jii încoace
Și cuptiorul nu mai coace.
Cîtă-i calea, cîtu-i drum,
Nu e vatră, nu e fum,
Azimă și mămăligă.
Maica plînge, pruncii strigă.
Au rămas în sate vii
Numai cîteva stafii,
Fără păr, fără gingii.
Un' mă duc și un' mă port
Pute-a candelă de mort.
Maicile și vacile-au
Înțărcat, săracile.
Gura umblă după sîn
Frămîntînd un hoit bătrîn,
Ugerile, țîțele,
Aspre ca tărîțele.
După ce-au pierit și cînii,
Au rămas numai bătrînii,
Să-și numere zilele.
Te apucă milele,
Lacrimile și mînia.

Asta fuse Romînia?

THE ROAD'S LONG

The road's long from Jiu to here
And the oven no longer bakes.
However long the road, the track,
There's no hearth, no smoke,
Unleavened bread or corn-mush.
Mother weeps, children scream.
Only a few specters remain
Alive in the village,
Hairless, gumless.
Wherever I go, wherever I'm brought,
It stinks of tapers for the dead.
Mothers and milk-cows
Have gone dry, poor things.
Mouth seeks breast,
Kneading an old corpse.
Udders, nipples
Harsh as bran.
After the dogs died
Only old people were left
To number their days.
Compassion grips you.
Tears and anger.

Was that Romania?

DA, E LUNG

Drumu-i lung pînă la Jii,
Fără taţi fără copii.
Ce rămîne sînt flăcăi
De scutec şi de copăi.
Casele, cătunele,
Colea, cîte unele,
Au rămas cu nişte babe,
Vinete, scîlcii şi slabe.
Fetele îmbătrînite
Nu mai ştiu să se mărite.
Pe flăcăi i-a luat pe sus
Şi i-a dus şi i-a tot dus.
I-a furat o vijelie
Peste negura pustie
Şi i-a dus, i-a răsucit,
Pînă li s-au risipit,
Zvîrcoliţi de-a-ndoasele,
Zgîrciurile, oasele.
Ce fu ăsta, om cu faţă,
Cel împleticit în ceaţă?
Cîrja-l ia de subsuoară,
Îl întoarce şi-l doboară.
Făt-Frumos era frumos:
I-a căzut falca de jos.
L-au mîncat pe jumătate
Toate rănile spurcate.
A scăpat ciuntit şi mut.
Braţele şi le-a pierdut.
Doar genunchii, calea, valea,
S-au strîmbat ca alte alea.

YES, IT'S LONG

The road to Jiu is long,
Without fathers, children.
Those that remain are boys
In diapers, trough-fed.
Houses, hamlets;
Over there, one or two
With an old hag,
Pale, twisted, feeble.
Girls getting on in years,
No hope of marriage.
The young men were taken,
Marched off,
Taken further and further away.
A hurricane stole them
One wild dark night
And marched them, pulled them apart,
Scattered them.
Writhing squirming
Cartilage and bones.
What was that? A man with a face
Staggering in the mist?
Take the crutch from under his arm,
Turn him round, throw him down.
Prince Charming was handsome.
His jaw hung loose.
All his filthy wounds
Had eaten him half away.
He escaped mangled and mute.
He also lost his arms.
Even his knees, up hill and down,
Are bent and misshapen like the rest.

EPILOGUE

PĂSĂRILE DE FIER

Ce-i colo sus, în ceruri, în zenit?
Că berzele de-o vreme-au și sosit.
Să fi intîrziat un cîrd? Să fi rămas
Un stol răzleț aiurea, de pripas?

Par niște porumbițe, niscai lebezi,
Cînd mici, cînd mari, cînd leneșe, cînd repezi.
Noi le zărim acum întîia oară
Că suie în april și că scoboară.

Dar iată că încep să-i dea, domoale,
Azurului albastru rotogoale
De spumă albă, ca de tibișir,
Și-s rînduite pasările-n șir.

Cu toate că alunecă pe cer
Și zboară lin, sînt cocostîrci de fier.
Aduc în ei otravă, foc și pară
Și găinațul lor aprinde și omoară.

Comunicatele semnate sint sumare:
«Distrus opt instalații militare,
Mitraliat trei corpuri de armată.
Uzină de petrol incendiată.»

Realități: Uciși cîteva mii
De mume, de bătrîni și de copii
Și dărîmate două catedrale
Și, pe bolnavii-n paturi, trei spitale.

IRON BIRDS

What's that, way up there?
The storks have arrived long since.
Perhaps a flock's come late
Or strayed off course?

They seem like pigeons, swans,
Tiny, large, slow or fast.
Now we see them for the first time.
They climb in April and swoop low.

But look, they're puffing
Wreaths of chalk foam
Into the azure blue,
And the birds get in line.

Though they glide across the sky,
Flying slow, they're storks of iron
Bringing poison, red-hot fire,
Droppings that burn and kill.

Reports ... summary ... signed
"Eight military installations destroyed,
Three armored corps strafed,
Oil storage-tanks left ablaze."

Reality: several thousand dead.
Mothers, children, old folk,
Two cathedrals in ruins, three hospitals,
And the sick in their beds.

(from *Carnet—May 1944*)

UN LAZARET

Un lazaret clădit în papainoage
Slujește-n șes s-adune pe răniți,
Aduși pe tărgi, ca niște șomoioage
De cîrpe-n sînge negru, și zgîrciți.

Sînt două mii dintr-alte mii de frați
Și-i arde-arșița-n cîmp, ca un blestem.
Sluți, ciuruiți de gloanțe, despicați,
Fără bărbie, fălci și umeri, gem.

Întinși pe rînd de-a dreptul în țărînă,
Trei medici îi aleg cam pe-ntîmplate.
Cei fără brațe pot să mai rămînă.
Sînt ridicați ciuntiții jumătate.

Din gîrla fiartă vine în sacale
Leșia apei: gurilor li-e sete.
Pînă a fi culeși pentru spitale
I-așteaptă agoniile încete.

Un nor de muște, pus pe fiecare,
Îl dumică bucată cu bucată,
Neputincios de nici o apărare,
Sugîndu-i buba ochilor umflată.

Au și simțit din depărtare corbii
Și-n stoluri peste lagăr s-au lăsat.
Iată-i în luptă crîncenă cu orbii,
Smulgîndu-le cu pliscul tifonul sîngerat.

A LAZARET

A lazaret raised on stilts
Collects the wounded,
Borne on litters, straw-whisps,
Rags blood-black, clenched tight.

Just two thousand survived
And the heat burns on the field, like a curse.
Slit open, riddled with bullets,
No chin, cheeks, shoulders—they groan.

Stretched side by side on the earth.
Three medics choose at random.
The armless stay where they are,
Stumps half raised up.

Carts bring watery lye
From scalding streams: they're thirsty.
Till they're taken to hospital,
Slow agony waits.

Clouds of flies settle on each man,
Slowly eaten up,
Incapable of any defence.
They suck the swollen eyes.

From afar even crows sense what's up,
Swooping in flocks on prison camps.
There they lock in struggle with the blind,
Tearing with beaks the bloodied gauze.

(from *Carnet—May 1944*)

ERAU TREI

Erau în casă omul, femeia şi copila
Cu chipul ca de aur, cu ochii ca zambila.
Cînd trăsnetul din ceruri se sparse peste ei
Le-a-mprăştiat clădirea în vînt cu cîteştrei.
Era în asfinţit.
Ca pleava şi ţărîna s-au dus şi risipit.
A doua zi, lumina
Cernea cu stele mute, de candelă, grădina.
Şi căuta bunica, subt lacrima de rouă,
Crîmpeiele de carne, pierdute-n iarba nouă,
Să o culeagă moartă, să fie prohodită.
Pînă-n amurg strînsese de-abia un fund de sită.
Unde lucea o muscă era şi o fărîmă,
Un nod, un zgîrci, o coajă, o sfoară ca o rîmă.
Din trei, cîţi spulberase vîrtejul, la cules,
Cît un cîntar de prune, atît s-a mai ales.

THERE WERE THREE OF THEM

In the house, the man his wife and baby girl
With golden face and hyacinth eyes.
Lightning struck,
Scattered house and all to the wind.
Sunset.
Like chaff and dust they dispersed.
Next day, light
Sifted the garden with mute stars.
And grandma rummaged beneath dew-drops
For gobbets of flesh lost in new grass
To gather for burial rites.
By dusk she'd barely covered the sieve.
Where flies flickered, a fragment,
A knot, cartilage, crust, string like a worm.
Of all three, the whirlwind had scattered
No more than you'd weigh in a plum basket.

(from *Carnet—May 1944*)

PE RĂZĂTOARE

S-a tot întins din luncă-n sat
Și-a mai lățit fîșia cu-o brazdă, la arat.
Moșia îi ajunge pînă la noi în casă.
Aproape n-are omul pe unde să mai iasă,
Și se făcu moșia de două ori mai mare,
Din suta de pogoane o sută de hectare.
Nu ne mai țin de-ogradă nici cloștile cu pui,
Și ele pasc cu mieii azi pe moșia lui,
A hoțului bătrîn.
Ia oile, le-nchide, făcîndu-se stăpîn.
Pentru cîrlani și vite plătim atîta gloabă,
C-am cumpăra cu banii moșia, mai degrabă.
Moșneni, din vechi, pe țarini, pădure și imași,
Ajunserăm și-n casa străbună chiriași.
Ne-am plîns la stăpînire-n deșert, că cel mai tare
E cel umflat mai bine de pungi în buzunare.

Nu căuta dreptatea domnească, frățioare.
Ia pe ciocoi ca hreanul și dă-l pe răzătoare.

A SCRAPING

It's spread from meadow to meadow,
Increased by a furrow each time he plows.
His land comes right up to our door, so
A man can barely leave his own home,
And the estate's grown twice as big—
From hundreds of acres a hundred hectares.
Broody hens with chicks no longer run our yard
But feed on the old thief's grounds.
He takes the sheep, becomes their master.
For lambs and cattle we pay high taxes.
We'd do better to buy the land for cash.
Freeholders of old on woods, fields, and pastures,
We became tenants in our ancestral home.
In vain we complained of such power, for the strongest
Is the one whose pockets are loaded.
Seek not princely justice, brother,
Give the boyars a scraping as you would a radish.

(from *1907—Landscapes*)

UMBRA

Te urmăresc prin veacuri, prin vîrste și milenii,
Încă de cînd spinarea ți-o-ncovoiai pe brînci,
Cînd, speriat și singur, tîrîș printre vedenii,
Umblai numai să cauți culcuș sau să mănînci.

Însoțitoare mută-n odihnă și mișcare
Și copie leită, croită pe tipar,
Ne-nghesuiam alături, ciuliți în ascultare,
La pasu-n frunze-al fiarei flămînde, greu și rar.

Ascunși prin gropi și scorburi, alăturea de tine,
Tu nu știai că sîntem într-unul singur doi,
Împreunați pe viață din două firi străine
Prin șubreda urzeală de aer dintre noi.

Sînt umbra ta, de-a pururi de om nedespărțită,
Cu linia schițată aceeaș de contur,
Pe pulberea fierbinte și-n cremenea tocită,
Ca un păianjen negru ce-ți umblă împrejur.

Sînt petecul de noapte, dat ție din născare,
Și ies și intru-n tine în zori și în amurg.
Din mine vii și-n mine te-ntorci, în bezna mare,
Firimițată-n oameni și-n zilele ce curg.

În mine-i scris destinul cu slove nevăzute.
Ghicește-ți-l, să-l afli, de-ți este plin sau gol.
Țîțînele zidite alunecă tăcute,
De-abia lăsînd să treacă un fum, ca un simbol.

THE SHADOW

I've followed you across time, down the ages,
Ever since you hunkered on all fours,
When frightened and alone, crawling among ghosts,
You roamed just to find food and shelter.

Silent companion at rest, in action,
Perfect copy, cut from a mould,
We jostled each other, ears straining
For the heavy sound of famished beast through brush.

Hidden near you in hollows and caves,
You didn't know we two were one,
Joined in life by two alien threads
Through the flimsy weave of air between us.

I am your shadow, inseparable from man;
Same shape, sketched in contours
On hot dust and blunt flint,
Like a black spider moving about.

I'm the night's seal, given you at birth
And I leave you, I enter at dawn and dusk.
From me you came, to me you return, in the great dark
Crumbled into men and passing days.

In me destiny is writ with unseen words.
Guess it, find if your life is full or empty ahead.
Ease the silent walled-in hinges
Barely letting smoke enter as a symbol.

(from *Song to Man*)

OTHER VOLUMES IN THE LOCKERT LIBRARY OF POETRY IN TRANSLATION

George Seferis: Collected Poems (1924-1955), translated, edited, and introduced by Edmund Keeley and Philip Sherrard

Collected Poems of Lucio Piccolo, translated and edited by Brian Swann and Ruth Feldman

C. P. Cavafy: Collected Poems, translated by Edmund Keeley and Philip Sherrard and edited by George Savidis

Benny Andersen: Selected Poems, translated by Alexander Taylor

Selected Poetry of Andrea Zanzotto, translated and edited by Ruth Feldman and Brian Swann

Poems of René Char, translated by Mary Ann Caws and Jonathan Griffin

"The Survivor" and Other Poems by Tadeusz Różewicz, translated and introduced by Magnus J. Krynski and Robert A. Maguire

Harsh World and Other Poems by Ángel González, translated by Donald D. Walsh

Library of Congress Cataloging in Publication Data

Arghezi, Tudor, pseud.
   Selected poems of Tudor Arghezi.

   (The Lockert library of poetry in translation)
   English and Romanian.
   I. Impey, Michael, 1933-   II. Swann, Brian.
PC839.A7A17   1976   891'.992'15   75-30185
ISBN 0-691-06298-6
ISBN 0-691-01328-4 pbk.

GPSR Authorized Representative: Easy Access System Europe - Mustamäe tee
50, 10621 Tallinn, Estonia, gpsr.requests@easproject.com

www.ingramcontent.com/pod-product-compliance
Lightning Source LLC
Chambersburg PA
CBHW070601300426
44113CB00010B/1345